von neuem aufgenommen und mit Genehmigung der
Königl. Academie der Wissenschaften herausgegeben
von
J. C. Selter.
im Jahr
1804
SPREE FLUSS
Coepeniker Feld
Oberbaum

Dieter Zimmer
Carl-Ludwig Paeschke
Das Tor

Dieter Zimmer
Carl-Ludwig Paeschke

Das Tor

Deutschlands
berühmtestes Bauwerk in
zwei Jahrhunderten

Deutsche Verlags-Anstalt
Stuttgart

Die Deutsche Bibliothek – CIP-Einheitsaufnahme

Das **Tor** : Deutschlands berühmtestes Bauwerk in zwei Jahrhunderten / Dieter Zimmer ; Carl-Ludwig Paeschke. – Stuttgart : Deutsche Verlags-Anstalt, 1991
ISBN 3-421-06601-9
NE: Zimmer, Dieter; Paeschke, Carl-Ludwig

Lektorat: Ulrich Volz
Typographische Gestaltung: Ottmar Frick, Reutlingen
Schutzumschlagentwurf:
Brigitte und Hans-Peter Willberg, Eppstein,
unter Verwendung eines Gemäldes
von Oskar Kokoschka
Satz: Setzerei Lihs, Ludwigsburg
Druck und Bindearbeit: Friedrich Pustet, Regensburg
Printed in Germany

Inhalt

»Sie wissen ja hoffentlich ...«
Die ersten zweihundert Jahre

Wenn man in Berlin erwähnt, man bereite ein Buch oder einen Film über das Brandenburger Tor vor, kann man Gift darauf nehmen, den wohlmeinenden Hinweis zu erhalten: »Sie wissen ja hoffentlich, daß die Quadriga verkehrt herum steht.«

Wie das bei Gerüchten so ist: niemand kennt denjenigen, der es aufgebracht hat; aber jeder weiß, daß die Quadriga in die falsche Richtung »fährt«. Dieses Wissen ist so tief in der Volksseele verwurzelt, daß man besser nicht widerspricht.

Die Quadriga wurde im Sommer 1793 auf das Tor gehoben, das zwei Jahre zuvor ganz unfeierlich ohne Einweihungsakt »in Dienst« genommen worden war. Die Friedensgöttin, die erst mit Preußens wachsender Gloria zur Siegesgöttin wurde, fuhr auf ihrem Wagen aus der Richtung des Tiergartens, der damals noch nicht zu Berlin gehörte, in die Stadt hinein. Sie brachte den Frieden – das war die symbolische Bedeutung, die ihre Schöpfer ihr zugemessen hatten. Mit Billigung des Königs natürlich, der das Werk auch zu bezahlen hatte. Wie alle echten Berliner stammt die Göttin nicht aus Berlin. Kommt Zille aus Radeburg in Sachsen, die Knef aus Ulm an der Donau, so die Wagenlenkerin auf dem Tor aus Potsdam, immerhin also aus der Nachbarschaft.

Zunächst war die Göttin nackt. Als Göttin konnte sie sich das leisten, obwohl die Zeiten prüde waren. Aber es gefiel nicht, sie bekam nachträglich ein Kleid aus Kupferblech. Wenn auch viele Autoren, selbst solche aus jüngster Zeit, schrieben, die Quadriga sei »gegossen« worden – es hilft nichts: Sie ist aus Kupferblech getrieben. Anfangs trug sie in der Rechten eine schwere Trophäe in Form eines Brustpanzers mit Helm und zwei Schilden. Das sah ungelenk aus, und das klobige Stück verschwand im Zeughaus Unter den Linden. Dort lag es und verstaubte. Heute weiß niemand mehr, wo es geblieben ist.

Die ungeliebte Trophäe wurde ersetzt durch einen Stab mit dem Eisernen Kreuz in einem adlergekrönten Eichenkranz. Manchmal geht die Rede, das Eiserne Kreuz sei von einem Lorbeerkranz umgeben. Die beiden Gewächse sind ja an sich gut auseinanderzuhalten. Den Lorbeerkranz, der seit der Antike die Locken der Sieger ziert, trägt Viktoria auf dem Haupt. Ihr Eisernes Kreuz ist von deutscher Eiche gerahmt.

Diese Ansammlung preußisch-deutscher Symbole führte zu einem Streit, als in den fünfziger Jahren des zwanzigsten Jahrhunderts DDR und Berliner Senat gemeinsam Tor und Quadriga restaurierten. Die Westlichen kümmerten sich um die Quadriga und gaben ihr die Insignien zurück, die Östlichen nahmen ihr die »Symbole des preußischen Militarismus« weg und motteten sie ein, ehe Viktoria wieder auf ihr Tor durfte. So hielt die Göttin über drei Jahrzehnte lang einen schmucklosen Eichenkranz in den Berliner Himmel.

Die Wagenlenkerin hat in knapp zweihundert Jahren dreimal ihren Platz auf dem Brandenburger Tor verlassen. Beim erstenmal war sie noch ein junges Mädchen, gerade vierzehn, als Napoleon I. sie als Kriegsbeute nach Paris entführte. Erst nach fast acht Jahren holte sie Marschall Blücher im Triumphzug heim; dafür bekam er vom König ein wunderschönes Palais geschenkt, am Pariser Platz. Aus dem Fenster konnte der Befreier die Befreite auf ihrem Tor stehen sehen.

Im erwachsenen Alter von 157 Jahren wurde die Göttin samt ihrem Wagen kurz und klein geschossen, bei den letzten Kämpfen um Berlin Ende April 1945. Für die Rote Armee war das Brandenburger Tor, mehr noch als der Reichstag, das symbolträchtige Ziel ihres jahrelangen opferreichen Kampfes. Die zerfetzten Reste der Quadriga blieben ein paar Jahre oben stehen, wie ein Mahnmal des Untergangs, und wurden schließlich wie Schrott hinabgeworfen, um der roten Fahne Platz zu machen.

1958 stand die Quadriga wieder oben. Aber eigentlich war es nicht mehr *die* Quadriga, sondern eine Nachbildung. Vom Original ist nur ein Pferdekopf übriggeblieben, bis heute im Museum zu besichtigen. Und dann wurde die Quadriga in der freudvollen Silvesternacht 1989 von Vandalen und Betrunkenen gezaust. Sie hätte ohnehin mal wieder in die Werkstatt gemußt, das wußten die Denkmalpfleger seit langem. Aber die heiße Freudenfeier und der anstehende runde Geburtstag des Tors förderten den Entschluß: Restaurierung von Kopf bis Fuß bzw. von den Hufen bis zum Eichenkranz. Im Museum für Verkehr und Technik in Kreuzberg konnten Interessierte zuschauen, wie die berühmteste Berlinerin in Schuß gebracht wurde.

Das Brandenburger Tor mit der Quadriga ist zweifellos ein klassisch schönes Bauwerk. Aber im Vergleich mit anderen Bauten in Berlin und Deutschland, im Vergleich mit Domen, Burgen, Schlössern, sogar Rathäusern wirkt es eher bescheiden. Auch mit dem ehrwürdigen Alter einer Porta Nigra kann es nicht prahlen. Daß es heute wohl das bekannteste Bauwerk in Deutschland ist, hat einen einfachen Grund: Es hat in den vergangenen zweihundert Jahren zu oft, wenn auch nur als Kulisse, deutsche Geschichte »erlebt«. Allein in den letzten sechzig Jahren:

Fackelzug der Nazis zur Machtergreifung am 30. Januar 1933, Eroberung des Tors und Kriegsende Anfang Mai 1945, Arbeiteraufstand am 17. Juni 1953, Mauerbau am 13. August 1961 – und schließlich der 22. Dezember 1989, als die halbe Welt *live* miterleben konnte, wie auch an dieser Stelle die Mauer durchbrochen war.

Die Göttin hat also viel gesehen. Wie heißt sie eigentlich? Auf diese Frage antworten ungefähr acht von zehn Befragten: »Quadriga«. Aber das ist ja der Name des »Viergespanns«, wie es in der Antike zum Kampf und zur Jagd eingesetzt wurde. Wie heißt die Lenkerin?

Sie trägt mindestens drei »offizielle« Namen: »Eirene«, die griechische Friedensgöttin und Tochter des Zeus; »Nike«, die griechische Göttin des Sieges (!), oder »Viktoria«, die römische Göttin des Sieges. Der Volksmund entzog sich diesem Streit frühzeitig mit einer eigenen Schöpfung: »Fräulein Kutscher.«

Die Geschichte der Namen ist auch eine Geschichte der Idee. Da die Preußen im 19. Jahrhundert, von der später ausgewetzten Scharte gegen Napoleon abgesehen, viel siegten, konnten sie mit der ursprünglichen Bedeutung eines »Tors des Friedens« nicht mehr viel anfangen. Frieden schön und gut, aber erst mal siegen! Dann hatte es sich ausgesiegt, das Tor wurde in unseren Tagen Symbol einer schmerzhaften Teilung. Bis 1989.

Ist es nicht Zeit, wieder einmal darüber nachzudenken, was uns das Tor bedeutet?

Macht das Tor auf!

Der 22. Dezember 1989

Der 22. Dezember 1989 war ein Tag, wie ihn der Bundeskanzler liebt, einer der vielen historischen Tage in der Zeit der »Wende«. Seit dem 13. August 1961, dem Tag des Mauerbaus, hatten die Berliner und viele Deutsche in Ost und West darauf gewartet. Seit dem 10. November hatten Fernsehstationen aus aller Welt versucht, das Ereignis herbeizuberichten – bis dahin ohne Erfolg.

Anderes geschah: Bald täglich warf die SED ideologischen Ballast ab, opferte die alte Garde, gab sogar die führende Rolle auf, die sie sich zwanzig Jahre zuvor in die Verfassung geschrieben hatte, änderte ihren Namen. Doch das Tor blieb geschlossen. Zu groß war seine symbolische Bedeutung. Neue Grenzübergänge zwischen beiden Teilen der Stadt konnte und sollte es viele geben – doch ein offenes Brandenburger Tor mußte als De-facto-Kapitulation der real-sozialistischen DDR vor den Augen der Welt erscheinen.

»Kapituliert« wurde erst am 19. Dezember 1989 in Dresden. Beim Treffen mit Bundeskanzler Kohl versprach Ministerpräsident Modrow die Öffnung. Das Warten hatte ein Ende.

Ulbrichts Propaganda hatte in den Jahren des Kalten Krieges immer wieder vor der »revanchistischen Bundeswehr« gewarnt, die mit klingendem Spiel durchs Brandenburger Tor ziehen wolle. Er sollte auch in diesem Fall unrecht behalten: Es waren Kabelhilfen des ZDF, die durch das neue Loch in der Mauer schlüpfen durften, das wenige Stunden später der neue Grenzübergang »Brandenburger Tor« werden sollte. In der Nacht zuvor war das Loch von Grenzsoldaten gebrochen worden, genau an der Stelle, an der sich Sprayer auf der Westseite mit einem, im nachhinein, symbolischen Spruch verewigt hatten: »Irgendwann fällt jede Mauer«.

Wir bereiteten am Pariser Platz die ZDF-Übertragung von der Öffnung des Tores vor. Noch am Vormittag durften wir von der Ostseite nicht zu unserem Übertragungswagen im Westteil der Stadt hinüberwechseln. Da half auch keine Diskussion – die Staatsgrenze wurde freundlich, aber bestimmt »geschützt«.

Gut drei Stunden später hatte die »Perestroika« in Gestalt eines Presseoffiziers der Grenztruppen gesiegt: Die Kollegen mit Paß, Kabeltrommel, Kamera und Stativ wurden zu uns durchgelassen.

Der Pariser Platz vor dem Brandenburger Tor lag, abgesehen von den Journalisten, noch still und ruhig. Am Gitter, das ihn bis zu diesem Tag absperrte, hatten sich schon Hunderte von Passanten eingefunden. Sie waren unruhig, wollten auf den Platz. Ein Offizier der Grenztruppen sprach zu ihnen über einen Lautsprecher, bat sie, Ruhe zu bewahren. Es herrschte eine eigentümliche Atmosphäre.

Am Gitter fiel ein weißes Laken in die Augen. »Ihr jubelt, aber Rumänien weint«, hatte jemand darauf geschrieben. Davor brannten Kerzen. Ceauşescu war gestürzt. Aber Tausende von Rumänen habe der Aufstand das Leben gekostet, hieß es. Wie leicht hätte auch der Sturz Honeckers blutig enden können …

Ob das Ereignis, das wir jetzt übertragen sollten, nun ein historisches sei oder nicht, hatten wir schon in den Tagen zuvor diskutiert. Historische Dimension besaß unzweifelhaft der 9. November. War die Öffnung des Tores vielleicht nur eine pompöse Inszenierung?

Kurz vor Beginn der Sendung rollte sie heran, die Menschenwelle. Plötzlich hatten die »Organe« die Sperren am Pariser Platz geöffnet, und Tausende stürmten auf das Tor zu. Mit »Deutschland«- und »Helmut«-Rufen nahmen sie den Platz in Besitz. Wir mußten aufpassen, von den Menschen nicht niedergetrampelt zu werden.

Die Kameras rund um das Brandenburger Tor zeigten die Massen, wie sie es im einsetzenden Regen von Ost und West belagerten. Einige hielten Transparente hoch: »Come together« konnte ich lesen. Der neue Werbeslogan einer Zigarettenmarke war zur Parole geworden.

Als Bundeskanzler Kohl und DDR-Ministerpräsident Modrow mit anderen Politikern aus Ost und West durch das Tor kamen, tobten die Zuschauer vor Begeisterung. Schwarzrot-goldene Fahnen, die meisten schon ohne DDR-Emblem, wurden geschwenkt. Es wurde geschoben und gedrängt. Ungeduldige bildeten Sprechchöre: »Aufmachen! Aufmachen! Macht das Tor auf!« Die Stimmung war eher hysterisch als historisch.

Die Reden begannen. Als das Tor nun wirklich wieder geöffnet wurde, spürte ich trotzdem einen Kloß im Hals. War es nicht doch ein historischer Moment, den wir hier miterlebten? Heute wissen wir, daß es sich nur um einen kleinen Mosaikstein einer Entwicklung handelte, die wir Ende Dezember 1989 noch gar nicht überblicken konnten und die wie eine Lawine über alle Deutschen hereinbrach.

Auch die Reden sind in vielen ihrer politischen Aussagen längst überholt:

Für Ministerpräsident Modrow war die Öffnung »ein Zeichen der sich erneuernden DDR und unserer Entschlossenheit, am friedlichen europäischen Haus weiter mitzubauen«.

Ost-Berlins Oberbürgermeister Krack sprach von einer »Entwicklung, die politische Realitäten im Herzen Europas respektiert und in der unterschiedliche soziale Systeme miteinander kooperieren«.

Berlins Regierender Bürgermeister Momper hoffte auf eine gemeinsame Zukunft »in einem Geiste guter Nachbarschaft zwischen der DDR und der Bundesrepublik und zwischen beiden Teilen Berlins«.

Bundeskanzler Kohl dagegen spürte, »daß ich hier mitten in Deutschland bin und daß wir hier zu Hause sind und daß wir alles tun, um die Gemeinsamkeit der Deutschen zu pflegen«.

Noch bevor Walter Momper, als letzter Redner, sein »Berlin, nun freue Dich!« ausrufen konnte, setzte der Run auf die Grenze ein. Die Mauer vor dem Tor wurde friedlich besetzt. Tausende schoben sich von Ost nach West und zurück, liefen durch das Tor, jubelten, weinten, lachten: Die Berliner eroberten sich ihr Brandenburger Tor zurück. In den Jubel mischte sich das Sirenengeheul von

Krankenwagen. Auf beiden Seiten des Tores hatte es im Gedränge Verletzte gegeben.

Im Chaos, in dem wir unsere Übertragung begonnen hatten, beendeten wir sie auch. Naß, aber zufrieden, »es geschafft« zu haben, schoben wir uns mit den Kollegen zum Ü-Wagen auf der Westseite. Unkontrolliert konnten wir an der Stelle die Noch-Grenze passieren, wo wenige Stunden zuvor kein Durchkommen gewesen war.

Doch der »Mantel der Geschichte« hatte uns nicht gestreift an diesem Tag. Geschichte wurde an diesem 22. Dezember 1989, wenn irgendwo, dann in Rumänien geschrieben.

In Berlin war es Zeit für ein heißes Bad und einen Grog.

Berlin, 10. November 1989. Noch umgibt die Mauer das Brandenburger Tor, doch sie trennt nicht mehr.

Auf der Westseite des Tors in den Wochen nach dem 9. November 1989: eine »Fernsehstadt«. Internationale Bildschirmprominenz gibt sich die Mikrofone in die Hand. Doch die Öffnung des Tors läßt sich nicht »herbeiberichten«.

22. Dezember 1989: Nur noch für wenige Stunden ist das Tor verriegelt. Aber die Welt schaut nach Rumänien: Am selben Tag wird Ceauşescu gestürzt.

Warten im Regen: Am Nachmittag des 22. Dezember 1989 wird das Tor endlich wieder geöffnet – nach 28 Jahren, 1 Monaten und 8 Tagen.

»Irgendwann fällt jede Mauer«: In der Nacht zum 22. Dezember hievt ein Kran das erste Betonsegment aus der Mauer an der Nordseite des Tors.

»Come together«: Der Werbeslogan für eine Zigarettenmarke trifft ein wiederbelebtes Wir-Gefühl. Karikaturist Haitzinger beschreibt das Erstaunen einer in Jahren gleichgültig gewordenen Welt.

Ansprachen bei der Öffnung: Am Mikrofon der Regierende Bürgermeister Momper. Rechts daneben Bundeskanzler Kohl und Außenminister Genscher, links der Ost-Berliner Oberbürgermeister Krack, DDR-Ministerpräsident Modrow und Kanzleramtsminister Rudolf Seiters.

Das Tor davor

Der erste Bau 1738–1788

Hätte der Westdeutsche Rundfunk sein Fernsehspiel »So lebten sie alle Tage« am heutigen, uns allen bekannten Brandenburger Tor spielen lassen, so hätten seine Bühnenbauer in Hollywood-Manier eine gewaltige Attrappe errichten müssen. Denn das Original stand ja Ende der siebziger Jahre hinter der Mauer und war nur für Grenzsoldaten und Staatsgäste der DDR erreichbar. Aber der Mehrteiler von Wolfgang Menge spielte Mitte des achtzehnten Jahrhunderts, und der Vorgängerbau des Brandenburger Tors war so bescheiden, daß er sich mit vertretbarem Aufwand auf einer Wiese neben der Autobahn bei Köln nachbauen ließ.

Dieses »Brandenburger Thor«, manchmal auch »Thiergarten Thor« genannt, wurde Mitte der dreißiger Jahre des achtzehnten Jahrhunderts erbaut; über die genaue Jahreszahl gibt es leicht abweichende Angaben. Es entstand an der neuen westlichen Stadtgrenze Berlins. Die alte war etwa entlang der Mauerstraße verlaufen, die in Höhe der späteren Sowjetischen Botschaft auf die Straße Unter den Linden stieß.

Das neue Tor war alles andere als pompös und paßte insofern zur preußischen Philosophie, die öffentlichen Pomp ablehnte. Es diente allerdings auch, abgesehen von der Sicherheit vor Eindringlingen, sehr banalen Zwecken. Zu dieser Zeit waren die militärischen Befestigungsanlagen rund um Berlin abgetragen worden. Statt dessen gab es eine »Akzisemauer«. (Zwei Jahrhunderte später stand über weite Strecken »die Mauer« der SED an derselben Stelle.) Die Akzise war ein Binnenzoll, der also nicht an den Grenzen des Landes erhoben wurde, sondern beim Eintritt in eine Stadt. Die Bürger hatten Kartoffeln oder Leintuch, eigentlich alles, was sie zum täglichen Leben brauchten, teurer zu bezahlen, vor allem, damit der Landesherr seine Soldaten finanzieren konnte. In Brandenburg hatte der Große Kurfürst, Vorgänger der preußischen Könige, diese legalisierte Wegelagerei eingeführt. An den Toren wurde also abkassiert. Aus dieser gewinnbringenden und keineswegs neuen Idee wurde übrigens in späteren Zeiten die Verbrauchsteuer, wie wir sie kennen.

Das alte Tor: Die wenigen zeitgenössischen Darstellungen, am bekanntesten die von Daniel Chodowiecki, dem führenden Berliner Kupferstecher aus jener Zeit, zeigen einen schlichten barocken Bau mit zwei Torpfosten, geschmückt mit Pilastern und Trophäen.

Auf der Stadtseite die bescheidenen Amtsräume der Beamten. Bei Nacht oder bei Unbotmäßigkeit von Untertanen wurden hölzerne Torflügel geschlossen und ein Balken vorgeschoben. Es ging rauh und nicht besonders herzlich zu, wie auch Menges Fernsehspiel demonstrierte. Die Beamten sprangen mit »dem Volk« hemdsärmelig um, hielten ganz unpreußisch gern die Taschen auf und rissen nur ab und zu ihren Hut zu einer devoten Verbeugung vom Kopf, wenn ein hoher Beamter nahte – oder gar ein Mitglied des Königshauses.

Ein wenig herausgehoben unter den achtzehn Berliner Stadttoren war das Brandenburger schon. Erstens stand es am Ende der Straße »Unter den Linden«, die sich zum Prachtboulevard gemausert hatte. Zweitens führte der Weg nach Westen in Richtung der Stadt Brandenburg nicht nur ins Jagdrevier des Tiergartens unmittelbar vor den Mauern Berlins, sondern auch zum sechs Kilometer entfernten Schloß Charlottenburg. König Friedrich I. hatte es 1695 bis 1712 von den Architekten Nehring und von Göthe erbauen lassen. Die Kutschen fuhren vom Berliner Stadtschloß, dessen Ruine 1950 von den Kommunisten gesprengt werden sollte, durchs Tor und den Tiergarten bis zum »Knie«, dem heutigen Ernst-Reuter-Platz; dort knickte der Weg leicht nach Nordwesten ab.

Der Platz auf der Stadtseite des Tors war im Lauf der Jahrzehnte repräsentativ geworden: Die »Linden« mündeten in ein geräumiges Viereck, das demzufolge französisierend »Quarré« genannt wurde. (Erst nach dem Sieg gegen Napoleon 1813 und der Einnahme der französischen Hauptstadt 1814 wurde aus dem »Quarré« der »Pariser Platz«.) Das schlichte Tor wirkte etwas ärmlich in seiner Umgebung. Außerdem war die Zeit des Barock vorbei, auch wenn es noch nicht alle mitbekommen hatten. Ein zeitgenössischer Kritiker mit Namen Millenet schrieb 1776, »besonders verdiente wohl das Brandenburger Thor, in Ansehnung seiner vortrefflichen Lage, mehr Ansehen zu erhalten«.

Das fand eines Tages auch der König.

Die preußische Residenz
Berlin Ende des 18. Jahrhunderts

Als das neue Brandenburger Tor gebaut wurde, zählte Berlin ungefähr 150000 Einwohner. Es war Hauptstadt des Königreichs Preußen, dessen Geburtsjahr 1701 ist, als sich Kurfürst Friedrich III. von Brandenburg selbst zum König in Preußen (es hieß »in« und nicht »von«) krönte. Berlin war somit spät eingetreten in den Kreis der illustren deutschen Residenzen, aber dort machte es sich ungeniert breit.

Zu den beiden »Gründungsmitgliedern« der Stadt von 1237, Berlin und Cölln, war in den letzten gut hundert Jahren eine Reihe von Vorstädten gekommen, darunter die Dorotheenvorstadt rechts und links der Straße Unter den Linden, die der Große Kurfürst im 17. Jahrhundert hatte anlegen lassen. Berlin umfaßte im wesentlichen den heutigen Bezirk Mitte sowie Teile der Bezirke Prenzlauer Berg, Friedrichshain und Kreuzberg.

Die schon erwähnte Akzisemauer umschloß das Ganze, teils aus Stein errichtet, teils nur aus Holz gebaut. Sie bekam im Lauf der Zeit immer mehr Tore, am Ende waren es achtzehn, von denen – außer dem Brandenburger – keines mehr steht. Aber manche lassen sich namentlich auf dem Stadtplan wiederfinden, sogar als U-Bahn-Station. Sollen wir alle achtzehn aufzählen? Also, im Uhrzeigersinn im Nordwesten beginnend: Neues Tor, Hamburger Tor, Rosenthaler Tor, Schönhauser Tor, Prenzlauer Tor, Königs-Tor, Landsberger Tor, Frankfurter Tor, Stralauer Tor, Schlesisches Tor, Köpenicker Tor, Cottbusser Tor, Wasser-Tor, Hallesches Tor, Anhalter Tor, Potsdamer Tor und – Brandenburger Tor.

Die alte Doppelstadt Berlin/Cölln war zwar in allen Richtungen gewachsen, am prachtvollsten jedoch nach Westen. Die Straße Unter den Linden, ursprünglich nur ein Reitweg durchs Gelände, war mit Abstand die glanzvollste der Stadt; auch die »zweite Reihe«, wie am Gendarmenmarkt, ließ sich sehen. Es entstanden etwa ab 1730: das Prinzessinnenpalais (wo heute das Operncafé ist), die Oper, die Hedwigs-Kathedrale, das Prinz-Heinrichs-Palais (heute Universität), die Alte Bibliothek (»Kommode«), der Deutsche und der Französische Dom.

Das alte Brandenburger Tor in dieser illustren Umgebung roch nach Provinz.

Langhans und sein Tor
Die klassizistische Idee

»Die Lage des Brandenburger-Thores ist in ihrer Art ohnstreitig die schönste von der ganzen Welt, um hiervon gehörig Vortheile zu ziehen, und dem Thore so viel Oefnung zu geben, als möglich ist, habe ich bey dem Bau des Neuen Thores, das Stadt-Thor von Athen zum Modelle genommen, so wie solches von le Roy und Stuart et Revett nach denen noch gegenwärtig in Griechen-Land befindlichen Ruinen, umständlich beschrieben wird.«

Zweifellos war Carl Gotthard Langhans von seinem Bauplatz begeistert, und daß die Idee zum Tor etwas »abgekupfert« war, lag im Trend der Zeit. Mitte des 18. Jahrhunderts hatte Europa das antike Griechenland wiederentdeckt, und Langhans vollzog mit dem Bau des Tores den endgültigen und überfälligen Bruch mit dem friderizianischen Barock.

Mit Langhans begann eine neue Architekturepoche in Preußen: der Klassizismus. Und der fing mit einem Irrtum an. Langhans, der selbst nie in Athen gewesen war, mußte sich auf bildliche Überlieferungen verlassen und verwechselte das Stadttor mit den Propyläen der Akropolis. Aber auch die Zeichnungen, von denen sich Langhans leiten ließ, entsprachen nicht dem klassischen Original.

»In den Untersuchungen zum Brandenburger Tor hat man immer nur die Frontseite der Propyläen zum Vergleich herangezogen«, schreibt Rolf Bothe in seinem Aufsatz »Antikenrezeption in Bauten und Entwürfen Berliner Architekten zwischen 1790 und 1870«. »Der Durchgang wurde außer Acht gelassen, da er bekanntlich ionische Säulen aufweist.

Als Stuart und Revett auf der Akropolis zeichneten, waren die ionischen Kapitelle noch nicht gefunden, die Säulenschäfte steckten tief im Schutt.

Revett konnte sich an einem dorischen Bau offenbar keine ionischen Säulen vorstellen und ergänzte die Schäfte mit ionischen Kapitellen ... Um die Säulen nicht zu schlank erscheinen zu lassen, reduzierte man ihre Höhe und stellte sie ... auf hohe Sockel. Diese Form übernimmt Langhans für das Brandenburger Tor.«

Er wollte, so scheint es heute, auch kein Gebäude im rein klassisch-griechischen Stil schaffen. Es war für ihn kein Widerspruch, das Tor aus griechischen und römischen Elementen zu gestalten. Eine römische Quadriga hat es beispielsweise nie auf einem griechischen Tor gegeben.

Das hinderte aber den berühmteren Nachfolger Langhans', Friedrich Schinkel, nicht, vom »griechischen Tor« zu sprechen. Die Demontage des Langhans'schen Entwurfs gipfelte 1849 in der Kritik Schadows, des Schöpfers der Quadriga, der sich fragte: »War es Mißtrauen gegen eigne Ideen, oder Bequemlichkeit, genug er entlehnte gern, auf seinen Reisen hatte er seine Mappen gefüllt und eine Wiederholung anerkannter Meisterwerke dünkte ihm sicherer, als neue Originale von unser einen.«

Langhans, 1732 im schlesischen Landeshut geboren, studierte ursprünglich Jura, Mathematik und Sprachen, ehe er seinen Traumberuf entdeckte. 1788 kam er nach Berlin, übernahm die Leitung des »Ober-Hof-Bau-

Amtes« und begann, parallel zu anderen Bauvorhaben, mit dem Tor. 1802 zog er sich aus Berlin und von seinen Aufgaben zurück. Schon zu seinen Lebzeiten – er starb 1808 – geriet der Baumeister in Vergessenheit. Erst zum Ende des 19. Jahrhunderts fand sein Tor die entsprechende Würdigung, als »geistvolle Neuschöpfung von bedeutender monumentaler Wirkung«.

Was Carl Gotthard Langhans wohl zu Lebzeiten nicht ahnen konnte: Er hat sich selbst ein Denkmal gesetzt, das seit nunmehr zweihundert Jahren die Berliner und Nicht-Berliner aus aller Welt anzieht.

Preußische Sparsamkeit

Das Tor im Bau

Die Baustelle lag nicht irgendwo, sondern auf einer der wichtigsten Ausfallstraßen der Stadt. Doch deswegen konnte nicht der Zugang nach Berlin für Jahre gesperrt werden – Übergangslösungen mußten her. Am 11. April 1788 teilte die »Ober-Bau-Direktion« dem Gouvernement mit, daß auf »Allerhöchsten Befehl« am 5. Mai mit dem Abriß des alten »Sprützenhauses« am Brandenburger Tor begonnen würde, weil dort die »Interims-Avenue und das mittlerweilige Wachtgebäude« entstehen müßten.

Siefart, der erste Chronist des Tores, berichtet, daß die neue Wache im Juni fertiggestellt wurde und das Ober-Hof-Bau-Amt das Gouvernement ersuchte, eine ärztliche Untersuchung anstellen zu lassen, ob die Wachstuben bezogen werden könnten. Im gleichen Schreiben wurde gebeten, den wachhabenden Offizieren am Tor den Befehl zu erteilen, daß »auf Ansuchen eines Bauoffizianten unweigerlich eine Wache gestellet werden sollte, ... da täglich Widersetzlichkeiten und Exzesse der ›Ouvriers und Arbeitsleute‹ bei den Königlichen Immediatbauten« vorkämen.

Leider ist nicht überliefert, ob es beim Bau zu »Widersetzlichkeiten und Exzessen« kam; überliefert ist auch nicht, warum zwischen den ersten Abrißarbeiten und dem Baubeginn so viele Monate verstreichen mußten. Verhandlungen über die Planungen müssen geführt und auch schriftlich festgehalten worden sein, doch die Akten darüber sind größtenteils verschwunden oder vernichtet. Nur ein Grundriß von 1788 ist erhalten, signiert von Langhans und damit als zeitgenössisches Dokument ausgewiesen.

Fest steht, daß der Bau 1789 in Angriff genommen wurde, am 25. September 1789 konnten die Bürger auf einer Kunstausstellung der Akademie in Berlin erstmals ein Modell des neuen Tores begutachten. Und bis Michaelis, dem 29. September 1789, sollte der letzte Sandstein für das Bauwerk geliefert werden.

»Es wurden hierzu 37993 $\frac{5}{12}$ Cubikfuß und für die großen 12 Säulen, die aus je 13 Trommeln bestehen sollten und 15040 ½ Cubikfuß faßten, verlangt, für welche eine Summe von 29543 Thlr. 15 Gr. 1 Pf. accordiert waren. Diese Steine mußten durchgängig gut und gesund, ohne Lager und Stiche sein.« (Siefart) Das Gros der Sandsteine wurde bei Pirna oberhalb Dresdens gebrochen, weitere Lieferungen kamen aus der Gegend um Magdeburg und Dresden.

Langhans hatte in seinem »Pro Memoria« festgelegt, daß er keinen massiven Sandsteinbau plane: »Da der Durchmesser der Säulen am Thore gegen 6 Fuß hält, so werden selbige gemauert, damit der Außenwand Werksteine dabey gesparet werden können.« Bald eine Million Ziegel wurden am Tor verbaut, die, um Transportkosten zu sparen, auch in der Umgebung Berlins gebrannt wurden.

Zügig ging der Bau voran. Knapp elf Monate nachdem die letzten Sandsteine geliefert wurden, am 15. August 1790, wird berichtet: »Bey dem Bau des Brandenburger-Thores ist die Steinmetzarbeit meist gänzlich fertig ... Da inzwischen der linke Flügel, wo die Wache hinkommt, völlig fertig ist, daß solche bezogen werden kann: So wird alles angewendet, um die Passage durch das Neue Thor zu eröffnen, womit die Wache verlegt und der andere Flügel für die Accise, wozu die Säulen und Gesimse parat liegen, in Kurzen nachzuholen sein wird.«

Glaubt man diesem Bericht eines Zeitgenossen, so bleibt unverständlich, warum die Eröffnung des Tores noch ein Jahr auf sich warten ließ, zumal der König mehrfach auf eine schnelle Fertigstellung drängte und die Bauarbeiten wohl auch beschleunigt wurden.

Auch die Einweihung des Tores zeigt manche Ungereimtheit, über deren Hintergründe, wie der Berliner Historiker Laurenz Demps bestätigt, die Akten schweigen. Anfang August 1791 teilte Langhans dem Hof mit, daß der Torbau nun fertiggestellt sei, und fragte an, ob der König ihn nicht eröffnen wolle. Doch seine Majestät ließ seinen Baumeister nur wissen, daß er in nächster Zukunft nicht nach Berlin komme und das Tor ohne ihn eröffnet werden könne, »dabey aber zu befehlen geruhet, Ew. Wohlgeboren wissen zu lassen, daß das Gerüst um dieses Thor nicht Jahr und Tag stehen bleiben sollte«.

Langhans erhielt die Nachricht am 6. August, am Abend desselben Tages war das Tor dem Verkehr übergeben. Das war's.

Formlos ist dann auch das Protokoll vom »Dienstbeginn«: »Actum, Berlin, den 6. August 1791. Nachdem auf Befehl Sr. Königl. Majestät die Passage in dem neu erbauten Brandenburger Thor heute eröffnet wurde, so bezog das daselbst wachthabende Militair die an diesem Thor neu erbaute Wache, welche durch Endes Scriptum folgende Mobilien erhielt und durch den Herrn Lieutenant von Prodzynski als wachhabenden Offizier selbst in Empfang genommen wurde: 3 Tische, 4 neue Schemel, 2 schon gebrauchte aus der Interimswache, 1 Spinde für den Unteroffizier und 4 Schlüssel. Hiermit wurde gegenwärtiges Protokoll geschlossen ...«

Das Tor: 65,5 Meter breit, 11 Meter tief war es, und mit der Quadriga sollte es 26 Meter hoch werden. Wer wo zu passieren hatte, war genau geregelt: Die breite Durchfahrt (5,50 Meter) in der Mitte durfte nur von den königlichen Wagen genutzt werden, die anderen Wagen und Reiter nutzten die vier schmaleren Durchfahrten (3,79 Meter) im Linksverkehr. Nur Fußgänger hatten die freie Wahl.

Aber endgültig abgeschlossen war der Bau noch lange nicht. Entsprechend dem Geschmack der Zeit mußte er noch künstlerisch ausgestaltet werden, wenn auch viele Details für den Betrachter nur mit dem Fernglas zu erfassen sind. Wie der »Zug des Friedens«, das Relief an der Ostseite der Attika, direkt unter der Quadriga.

Kaum besser zu erkennen sind die 32 kleinen Reliefs an den Längsseiten des Tores unterhalb der Attika. Dargestellt sind Kampfszenen von Lapithen und Centauren aus der griechischen Mythologie, die den Metopen des antiken Parthenon in Athen nachempfunden wurden.

Während des Bestehens der Mauer nicht einmal mit dem Feldstecher zu entdecken waren die Reliefs, die in den Durchgängen die Wände schmücken. Thema aller Darstellungen ist die Herkulessage, die in 20 Motiven erzählt wird. Nicht mehr zu besichtigen sind die Deckengemälde in den Passagen. Die dargestellten Trophäen, grau in grau gemalt, wurden beim Umbau 1868 entfernt.

Bei dieser Gelegenheit wurden auch zwei Figuren, die in Nischen stadtwärts schauten, an die Seiten des Tores versetzt: Mars und Minerva, der Gott des Krieges und die Beschützerin des Handwerks.

Beide entstanden, wie auch die meisten anderen künstlerischen Darstellungen am Tor, nach Entwürfen von Johann Gottfried Schadow.

Schadow und seine Quadriga
Eine schwierige Geburt

»Die auf der Attique stehende Quadriga stellet den Triumph des Friedens vor« – das war die Idee, wie sie Langhans in seinem »Pro Memoria« zum Tor formulierte. Sein klassizistisches Bauwerk sollte gekrönt werden durch die erste monumentale Quadriga der Neuzeit. Ein Viergespann also, wie es schon im alten Orient einen zweirädrigen antiken Kampf- und Jagdwagen zog, mit dem später Griechen und Römer Rennen fuhren und siegreiche Feldherren im Triumph einzogen.

Johann Gottfried Schadow hatte erst kurz zuvor ein Studienjahr in Rom verbracht, als er den Auftrag erhielt, der Idee Langhans' Form und Gestalt zu geben. Doch nicht seine Studien prädestinierten ihn für diese Aufgabe. Schadow war Königlicher Hofbildhauer und stand seit 1788 der Hofbildhauerwerkstatt vor. In dieser Position unterstand ihm die plastische Ausgestaltung aller Gebäude, die in Verantwortung des Ober-Hof-Bau-Amtes entstanden. Direktor des Amtes war Langhans.

Nachgewiesen ist, daß sich beide am 13. März 1789 zusammen mit dem Kupferschmied Emanuel Jury aus Potsdam trafen. Zu dritt besprachen sie, wie der vorgesehene »Char du Triomph« gefertigt werden könne. Ein Protokoll formuliert Schadows Auftrag, daß »ein Modell nach einem Maasstabe, was 1½ Zoll für 1 Fuß angenommen wird, zu fertigen sey, welches die Maaße einer Gruppe von 4 Pferde und einem Wagen nebst der Viktoria deutlich ausdrückte«. Danach sollte dann ein Holzmodell in Originalgröße gefertigt werden, auf dem dann Jury das Kupferblech treiben könne.

Festgelegt wurde, »daß ein jedes Pferd aus 2 Stücken in Kupfer gemacht, und die Fuge durch einen römischen Gurt um den Leib verdeckt werden könne. Und da die Stellungen der Pferde von 2 zu 2 ziemlich gleichförmig sind, sich aber in der Natur ganz verschieden darstellen, so wurde für gut befunden, nur 2 große Pferde von verschiedenen Stellungen, jedoch aber 4 verschiedene Wendungen der Köpfe zu machen.«

Jury sieht in den künstlerischen Wünschen keine Schwierigkeiten. Nur im Material scheint er heikel. Er verlangt »entweder Englisches Kupfer, oder aber wenn dieses nicht gegeben werde wolle, das beste hiesige Kupfer«. Mit der Arbeit beginnen könne er, sobald er von Schadow die ersten Holzmodelle erhalte. »Übrigens glaubt er (Jury) diese Arbeit sobald als möglich, längstens gegen den Herbst 1790 fertig zu machen.« Jury irrte sich. Es sollte fast drei Jahre länger dauern, bis zum Juni 1793, ehe die Quadriga aus der Potsdamer Werkstatt des Kupferschmieds auf dem Wasserweg nach Berlin transportiert werden konnte.

Bis dahin gab es einen regen Schriftwechsel zwischen allen Beteiligten mit Vorwürfen, Schuldzuweisungen und Rechtfertigungen. Verzögert wurde die Fertigstellung unter anderem durch den Beschluß der Akademie der Künste, die bereits in Arbeit befindlichen Figuren um »durchgängig 2 Fuß« zu erhöhen. Bevor der Entschluß gefaßt worden war, hatte Langhans die Arbeiten fast zwei Monate ruhen lassen. Es gab Planungsfehler, die Holzbildhauer bemängelten die Vorlagen

Schadows, und zu guter Letzt konnte Jury die meisten seiner für dieses Vorhaben angelernten Gesellen nicht halten, weil ihnen die Arbeit zu mühsam war. Letztendlich mußte er sogar die Anfertigung der Viktoria an seinen Konkurrenten Koehlert abgeben.

Auch der sollte mit der Aufgabe seine liebe Not haben. Über seine fertige Viktoria heißt es im Abnahmeprotokoll: »Sie ist im Ganzen gut gearbeitet, mit den Pferden verglichen aber etwas zu groß ... Da aber von der Figur durch den Vorderteil des Wagens mehr als die Hälfte bedeckt wird, kann dieses Mißverhältnis nicht bemerkt werden.«

Auch als die Quadriga endlich ihren Platz auf dem Tor eingenommen hatte, war die Arbeit noch nicht beendet. Im November 1794 schreibt Schadow an Langhans: »Meiner unmaßgeblichen Meinung nach scheint es auch notwendig der Quadriga ein fliegendes Gewand zu geben, indem sowohl die Academie der Künste, als das Publikum der Ansicht wären, daß sie von hinten so steif und kahl aussähe.« Sie erhielt ihren Mantel und wurde dabei verstümmelt: Wie erst 1908 bei einer Untersuchung der Figur festgestellt wurde, fehlten unter dem Mantel die Beine.

Und eins blieb ihr von vornherein versagt: War noch im Mai 1793 davon die Rede, die Siegesgöttin »mit durchaus ächtem Golde« zu versehen, entschied Friedrich Wilhelm II. im Juli, »daß diese außerordentlich gut gerathene Quadriga nicht verguldet, sondern ihre natürliche Farbe behalte«.

Groß und schön steht sie da im Siegeswagen: Eirene/Nike/Viktoria. Mit einer Hand lenkt sie die Rosse, mit der anderen hält sie die Panierstange (was übrigens »im wirklichen Leben« eine kutscherische Meisterleistung wäre). Und wer stand Modell für dieses »Prachtweib«? Wie um viele andere Dinge am Tor rankt sich auch um diese Frage zumindest eine Legende. Ulrike Jury, die Tochter oder zumindest Verwandte des Kupferschmiedes, soll es gewesen sein. Keiner weiß es. Ist es wirklich wichtig?

Histörchen
Immer Ärger mit den Gittern

In einem Bericht vom September 1793 konnte Langhans melden, daß das Bauwerk seiner Vollendung entgegengehe. Der Platz davor sei nun planiert, und die Steinmetze hätten mit den Pflasterarbeiten begonnen.

Über fünf Jahre lang war das Brandenburger Tor eine Baustelle gewesen. Die von Langhans in seinem Bericht angesprochenen Probleme einer notwendigen Beleuchtung erschienen dem zuständigen Minister bei Hofe wohl so marginal, daß er den Bericht mit der Randnotiz versah: »Gottlob! daß wir endlich einmal so weit sind!« Dabei ahnte wohl keiner der Beteiligten, daß es 1797 werden würde bis zum endgültigen Abschluß der Arbeiten am Tor.

Auf Anordnung der »Accise- und Zolldirektion« waren in den fünf Durchfahrten hölzerne Torflügel angebracht worden. Tagsüber war die Tormitte offen, die anderen Durchgänge schlossen eiserne Gitter. (Die einzelnen Stäbe mußten aber 5 rheinische Zoll Abstand halten, damit »die schöne vue« auf den Tiergarten nicht verloren ging.)

Die schweren Gitter und auch die Holztore mußten schon in den ersten Jahren immer wieder repariert werden und wuchsen sich zum Dauerproblem aus: Im Winter 1795 wurden sie erstmals grundüberholt, nachdem »der eine Flügel des mittleren Tores gerade zugeworfen wurde, als Se. Majestät das Tor kaum passiert hatten«. Am 3. November 1804 entriß der Sturm einer Schildwache gerade in dem Moment den Torflügel, als Prinzessin Anna Elisabeth Luise passierte »und schleuderte ihn gegen den Wagen, so daß der Wagen teils zerschmettert worden und noch größeres Unheil zu befürchten stand«. Die Torflügel waren einfach zu groß und zu schwer für die Schildwachen, »welche in einer Hand das Gewehr haltend, nicht stark genug sind, dem Sturmwinde den erforderlichen Widerstand zu leisten«.

Es ist anzunehmen, daß auch manchem Passanten, der nicht zur Herrscherfamilie gehörte, ähnliches am Tor widerfuhr, doch davon ist nichts überliefert. Es waren auch allein die Mißgeschicke des Adels, die, aus der Zeit heraus verständlich, zur Aufforderung an Langhans führten, Abhilfe zu schaffen. Der läßt zwar das Mitteltor austauschen, hat aber ansonsten für die Damen und Herren vom Hofe auch nur den Rat, erst dann das Tor zu passieren, wenn es ganz geöffnet und befestigt sei. Dies sei bei allen Unfällen bisher nicht beachtet worden.

Im übrigen ging die Geschichte in den ersten Jahren am Tor vorbei. Der Hof hatte es noch nicht für repräsentative Einzüge entdeckt, mit einer Ausnahme: Bekannt ist der Einzug der später bei den Berlinern so beliebten Kronprinzessin Luise an ihrem Hochzeitstag, dem 23. Dezember 1793. 17 Jahre später sollte sie ihren letzten Weg wieder durch das Brandenburger Tor nehmen.

Luftfahrtbegeisterte Berliner waren die ersten, die unerlaubt das Tor und die Quadriga bestiegen. Am 23. Mai 1804 wollte Professor Bourget mit einem Ballon über die Stadt fliegen und machte sich zum Gespött der Leute. Der Ballon erhob sich nur ohne den Flugpionier. Bourget war zu schwer.

Überliefert ist auch die Geschichte des späteren Dichters und Naturforschers Adalbert von Chamisso. Im Kommandanturbefehl vom 8. Dezember 1804 heißt es: »Da die Wacht ... beim Einpassieren des Königs nicht in gehöriger Ordnung gewesen, und die Honneurs nicht gehörig gemacht worden, so soll der Lieutenant von Chamisso ... in Arrest und ans Regiment gemeldet werden.«

Der Vorgänger des heutigen Brandenburger Tors in der Zeit Friedrichs des Großen. Der Holzstich entstand 1764 nach einer Radierung des damals berühmtesten Berliner Kupferstechers Daniel Chodowiecki.

Vier der achtzehn Berliner Stadttore im 18. Jahrhundert: das Hamburger Tor, das Oranienburger Tor, das Potsdamer Tor, das Leipziger Tor (auf dem Kupferstich im Hintergrund die Ring'sche Apotheke). Keines der Tore steht heute mehr – höchstens noch als Name auf dem Stadtplan.

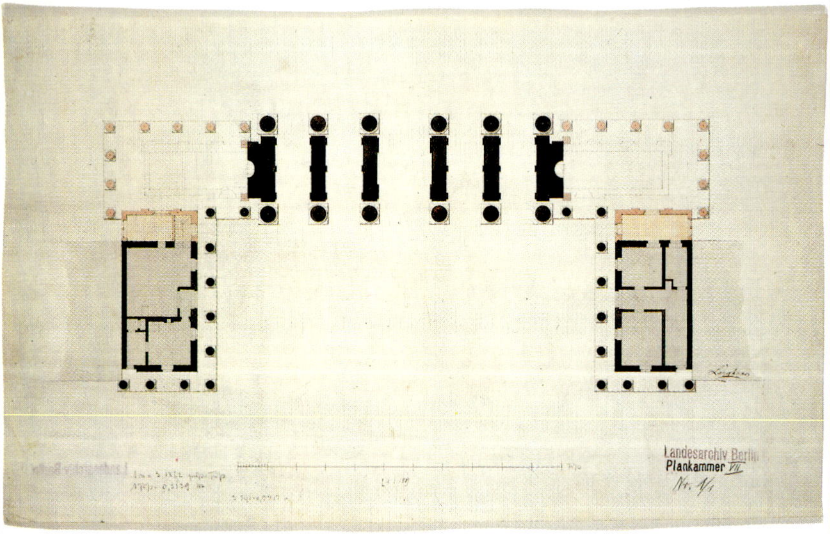

1795 schuf ein unbekannter Künstler die Radierung mit Deckfarben. Allerdings: Die Quadriga ist zu klein, die mittlere Durchfahrt zu schmal. Der Grundriß des Tors, signiert von seinem Schöpfer Langhans (links).

Im Berlin Museum zu besichtigen: Vorbild und Nachschöpfung, die Propyläen der Athener Akropolis und das Brandenburger Tor. Kupferstich von Johann Carl Richter um 1840.

Nach Gottfried Schadows Ideen entstanden die Reliefs am Tor. An der Ostseite, direkt unter der Quadriga: »Der Zug des Friedens«, Verkörperung der zentralen Idee des Tors.

Linke Seite: Reliefs an der inneren Durchfahrt: Herakles, der Sohn des Zeus und der Alkmene, lateinisch Hercules, göttlicher »Kraftmeier« der Antike. Einmal im Nessus-Gewand, das ihm nach der Legende den Tod brachte (Nordhälfte), dann in Ägypten (Südhälfte).

Herkules verscheucht die Zwietracht in Gestalt des Centauren, Lebewesen aus Mensch und Pferd.

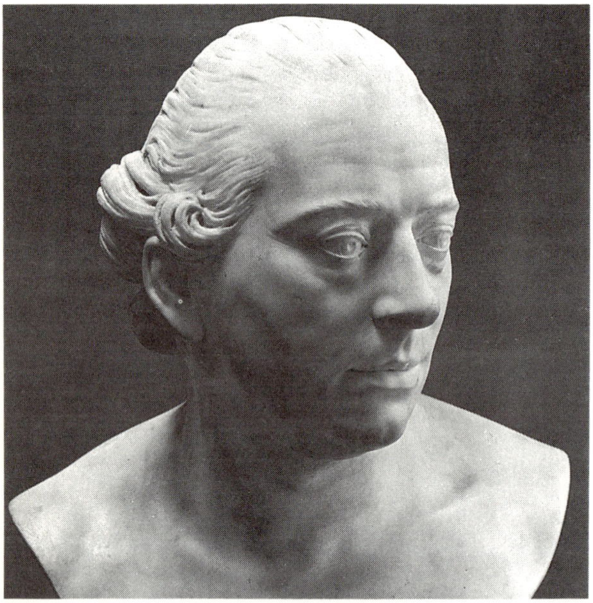

Carl Gotthard Langhans (1732–1808) schuf das Brandenburger Tor und andere frühklassizistische Bauten in Deutschland. Der Schöpfer der Büste ist nicht bekannt.

Johann Gottfried Schadow (1764–1850), bedeutendster Bildhauer des deutschen Klassizismus, Schöpfer der Quadriga auf dem Brandenburger Tor. Gemälde von Julius Hübner aus dem Jahr 1832.

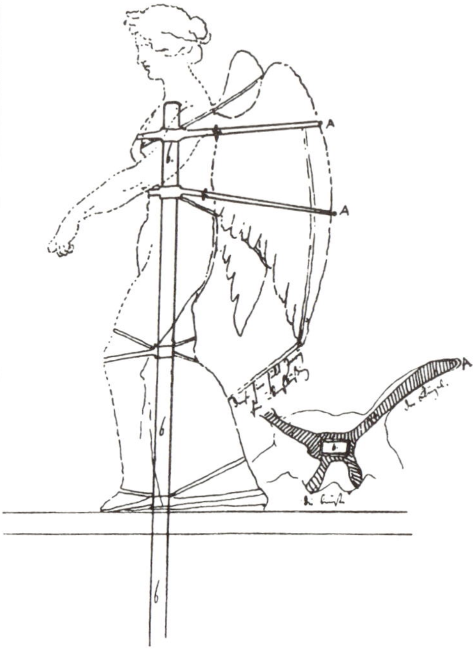

Skizze von der Hand Schadows: das »Innenleben« der Göttin auf dem Brandenburger Tor.

Die erste Quadriga, die über 150 Jahre hielt: bis 1945. Die Berliner Schnauze fand schnell einen Spitznamen für die Göttin: »Fräulein Kutscher«.

Diese Trophäe trug die Göttin Viktoria zuerst auf ihrer Panierstange. Sie war den Zeitgenossen aber zu klobig und verschwand im Zeughaus Unter den Linden. Heute ist sie verschollen, nur noch diese Fotografie existiert.

Das Brandenburger Tor zu Anfang des 19. Jahrhunderts. Noch steht es im Grünen. An das Torhaus schließt sich die Akzisemauer an, eine Zollmauer um die ganze damalige Stadt.

Die Entführung der Quadriga
Napoleon in Berlin

Dreizehn Jahre lang stand die Quadriga auf dem Brandenburger Tor, dann wurde sie entführt.

Am 14. Oktober 1806 hatten die Truppen des preußischen Königs in der Schlacht von Jena und Auerstedt eine Niederlage erlitten. Wahrscheinlich ist diese Formulierung sogar die einzig richtige, denn zu jener Zeit verlor – oder gewann – noch der König, es war fast seine Privatangelegenheit. Wie hieß es in einem öffentlichen Aufruf: »Der König hat eine Bataille verloren. Jetzt ist Ruhe die erste Bürgerpflicht.«

Gewonnen hatte Napoleon I., damals 37 Jahre alt, der auf dem Weg war, eine in der Geschichte wiederkehrende Erfahrung zu machen: Eroberer siegen, bis sie sich zu Tode gesiegt haben. Noch siegte Napoleon.

Er war ein Mann mit angeborenem Gespür für theatralische Inszenierungen seiner selbst. Deswegen ließ er seine siegreichen Truppen unfeierlich durchs Hallesche Tor in die Hauptstadt Preußens einmarschieren, während er drei Tage später, am 27. Oktober 1806, mit Glanz und Gloria einzog. Natürlich durchs Brandenburger Tor! Zeitgenössische Berichte überliefern, daß einige Berliner jubelten – immer gibt es welche, die sich mit den Eroberern sofort gut stellen wollen – und andere die Hand in der Tasche ballten.

Napoleon ließ sich seinen Sieg bezahlen, wie es Tradition war. Darüber hinaus hatte er jedoch einen Experten in seinem Troß, der Kunstschätze zu requirieren hatte. Erstens traf das die Unterlegenen in ihrem Stolz viel mehr als die Ablieferung von Geld und Gut. Zweitens wollte Napoleon in Paris ein Museum mit der Beute seiner Raubzüge einrichten. Er hatte schon einige bemerkenswerte Stücke beisammen, darunter die »Pferde von San Marco« aus Venedig. Nun traf sein begehrlicher Blick die Quadriga!

Zuweilen wird berichtet, seine Offiziere hätten darum gebeten; aber aus der Geschichte kennt man viele Beispiele dafür, daß der »Wille des Volkes« oder etwas Ähnliches für Entscheidungen herhalten mußte, die doch etwas mit Hautgoût behaftet waren.

Der Kunstraubexperte hieß Baron Dominique Vivant Denon, war 59 Jahre alt und wird geschildert als ein kultivierter, angenehmer Zeitgenosse, der »vielleicht bedeutendste Experte und die fleißigste, künstlerischste und höflichste Person in der Geschichte des Kunstraubs« (Wilhelm Treue). Genau drei Wochen nach Napoleons Einzug sucht Denon das Atelier von Gottfried Schadow auf und erklärt ihm – höflich! –, daß seine Quadriga auf die Reise gehen werde. Er bittet ihn – nachdrücklich! – um Namen und Anschrift des Kupferschmieds, der vor dreizehn Jahren die Quadriga gefertigt habe. Jury aus Potsdam soll sie abbauen und reisefertig machen.

Schadow und andere verfassen eine Bittschrift, verweisen darauf, daß die Quadriga bei dem Transport Schaden nehmen werde. Wahrscheinlich kommt die Bittschrift nicht einmal in Denons Hände. Jedenfalls hat er seinen Auftrag und führt ihn aus. Vom 2. bis 8. Dezember 1806 holt Jury sein Werk wieder herunter. Es wird in zwölf Kisten verpackt und geht am 21. Dezember 1806 auf die Reise.

Über den Weg, den die Quadriga nach Paris nahm, gibt es keine letzte Klarheit. Zunächst muß sie auf dem Wasserweg nach Hamburg gegangen sein, von dort zu Schiff über die Nordsee und wahrscheinlich über Rotterdam und den Rhein, ein Stück über Land und auf französischen Kanälen nach Paris.

Jedenfalls erreichte sie nach fünf Monaten ihr Ziel. In Zeitungsberichten vom Mai 1807 ist von der Ankunft von 80 bis 100 großen Kisten die Rede, worunter die zwölf mit der Quadriga waren. Schon vorher waren übrigens etwa 150 Kisten aus deutschen Ländern angekommen, so daß sich der Feldzug auch unter kunsträuberischem Gesichtspunkt unbedingt gelohnt haben muß.

Auch der Verbleib der Quadriga bis zur »Befreiung« sieben Jahre später wird widersprüchlich beschrieben. Es gab die Idee, in Paris einen Triumphbogen zu bauen und mit der Quadriga zu krönen. In der Tat wurde am Ende der Champs-Élysées 1808 mit dem Bau des »Arc de Triomphe« begonnen, aber als er fertig war, 1836, stand die Quadriga längst wieder auf dem Brandenburger Tor. Sodann sollte sie auf die »Porte St-Denis«, das damalige Stadttor genau im Norden des Zentrums. Auch diesen wenig repräsentativen Platz nahm sie nicht ein.

Belegt ist, daß sie restauriert wurde, denn sie hatte bei dem Transport, wie von Schadow befürchtet, Schaden genommen. Die Rechnungen des Restaurators Charles Canlers oder Caulers aus dem Jahr 1807 liegen vor. Wie umfangreich die Arbeiten waren, ist nicht mehr festzustellen; möglicherweise wurde sogar ein ganzes Pferd neu getrieben.

Der weitere Weg verliert sich im Dunkel einer unklaren Aktenlage. Es wird behauptet, die Quadriga sei in einem der Säle des »Musée Napoléon« aufgestellt worden, des Louvre also, damit die Pariser die Trophäe bewundern konnten. Obwohl sich solches ja vor den Augen der Öffentlichkeit abgespielt haben müßte, ist es heute nicht belegbar und nicht widerlegbar. Von Jacob Grimm, dem nachmaligen Märchensammler, ist die Erzählung überliefert, er habe die Quadriga im Park der Tuilerien angetroffen und sich sogar, Kirschen aus einer Tüte essend, in ihren Wagen gesetzt; das klingt freilich eher nach Grimms Märchen.

Als Blücher 1814 Paris eroberte, war die Quadriga offenbar versteckt worden, ganz sicher aber nicht, wie zeitweise erzählt wurde, noch in den Kisten des Transports verpackt. Die Legende hält sich, das Versteck sei von einer Pariserin verraten worden, die dafür von den Preußen geehrt, von den Franzosen aber hingerichtet worden sei. Das klingt nach Räuberpistole, soll auch nicht geglaubt werden, sondern nur belegen, daß sich um die Entführung und Befreiung der berühmtesten Berlinerin stets Legenden rankten.

Den erbitterten Berlinern blieb in all dieser Zeit nichts als Trauer, Zorn, manchmal Spott. Napoleon nannten sie den »Pferdedieb von Berlin«. Als solcher wurde er auch auf Karikaturen dargestellt, aber es wird ihn, falls er sie zu Gesicht bekommen hat, nicht getroffen haben. Die Berliner, heißt es, sandten traurige Blicke hinauf auf ihr Brandenburger Tor, wo eine lange Eisenstange daran erinnerte, daß dies einmal das »Rückgrat« ihrer Rosselenkerin gewesen war.

Gern wird die Geschichte vom Turnvater Jahn kolportiert, der bekanntlich einer der glühendsten Vorkämpfer der Befreiung vom »napoleonischen Joch« war: »Vater Jahn's Ohrfeige«. Der Pädagoge soll da am Brandenburger Tor gestanden und auf die kahle Eisenstange geschaut haben. Er habe einen Schüler gefragt, was er sich bei diesem Anblick denke. Der Schüler dachte sich, wie Schüler in Geschichten nun mal sind, nichts. Jahn gab ihm daraufhin eine kräftige Ohrfeige: »Du wirst daran denken, daß wir alles tun müssen, um die Quadriga zurückzuerhalten.«

Die Geschichte ist erfunden. Wahrscheinlich von einem Autor namens Wolfgang Menzel. Der Turnvater dementierte, da Ohrfeigen seinen pädagogischen Grundsätzen zuwiderliefen. Andere Autoren übernahmen dennoch die Geschichte. Bis in die jüngste Zeit. Sie fanden sie einfach zu schön.

Rückkehr im Triumph
Blücher als Rächer 1814

Bald siebeneinhalb Jahre waren vergangen, seit Napoleon in Berlin eingezogen war und die Quadriga geraubt hatte. Seitdem war das Dach der Attika verwaist. Nur die eiserne Stange, die der Viktoria Halt gegeben hatte, ragte noch in den Himmel und erinnerte wie ein Mahnmal an die Quadriga, die in Paris als »Kriegsgefangene« schmachtete. Tor und Quadriga wurden so zum Symbol eines nationalen Freiheitsstrebens, eines Novums in der deutschen Geschichte.

Friedrich August Wolf, Gelehrter und Zeitgenosse, schrieb in seinem Epigramm »Das Brandenburger Thor«:

»Nagend reizte mit Macht
mein Stachel die edlen Berliner:
Reiz' er sie ferner versteckt,
kehr mir die Göttin zurück.«

Und etwas volkstümlicher ein Gedicht in den »Neuen Fakkeln«, erschienen Anfang des Jahres 1814:

»O! Friedrich Wilhelm, diesen Wagen
Laß ja dem Feinde nicht!
Wir bitten drum,
und müßten wir selbst tragen
Sein centnerschwer Gewicht ...
O! komm, im Glanz
von schönen Friedenstagen,
Und nochmals bitten wir:
Vergiß ja nicht den Wagen!«

Napoleon und seine »Grande Armée« waren geschlagen, als Friedrich Wilhelm und seine Verbündeten am 31. März 1814 in Paris einzogen. Vier Tage später, am 4. April, sandte Feldmarschall Blücher, der wohl populärste Militär der Freiheitskriege, eine Depesche nach Berlin:

»Es ist gelungen, den vom Kaiser Napoleon im Jahre 1807 von dort weggeführten Siegeswagen, nächst den Pferden hier wieder aufzufinden. Ich habe Sr. Majestät dem König von diesem Ereigniß sogleich Anzeige gemacht, und Sr. Majestät haben befohlen, daß die Zurückführung nach Berlin augenblicklich geschehen solle.«

Die in 15 Kisten verpackte Gruppe, verladen auf sechs Wagen, gezogen von 52 Pferden, verließ nach der Überlieferung noch am selben Tag die französische Hauptstadt. Genau einen Monat später erreichte der Konvoi Brüssel, vier Tage später Aachen. Hier, wie schon in drei anderen Orten vorher, waren die alten Stadttore für die hochbepackten Wagen zu klein, sie mußten eingerissen werden.

Den Rhein überquerte die Quadriga auf sechs Fähren am 10. Mai und landete im neuen Hafen von Düsseldorf. »Sobald die Kisten ausgeschifft waren, ließ das Volk sich nicht länger halten, ... spannte sich selbst vor die Wagen und zog dieselben eine beträchtliche Strecke fort ... Dieser den Düsseldorfern unvergeßliche erste frohe Abend seit den langen Jahren der von Fremden erlittenen Erniedrigung wird den Einwohnern gewiß unvergeßlich bleiben.«

Der Transport weiter nach Berlin wurde zum Triumphzug, die Figurengruppe zum

Symbol des Sieges über Napoleon. In den Berichten über den Transport wurde nur noch vom »Siegeswagen« geschrieben, der unter Glockengeläut, Musik und Ehrensalven seinen Weg nahm. Die Transportkisten selbst wurden zu einer Wanderausstellung ihrer Fahrt: Mit immer neuen Gedichten, Inschriften und Blumen schmückten die Passanten den Zug.

Ein Buchtitel, unter dem diese Texte veröffentlicht wurden, ist bezeichnend: »Inschriften am Denkmal des Sieges, daß Friedrich Wilhelm III. aus Paris, wo es sechs Jahre Verborgen stand, nach Berlin auf seinen alten Standort zurücksendet.«

Bedeckt mit insgesamt 354 Inschriften, erreichte der Transport am 8. Juni Zehlendorf. Im Jagdschloß Grunewald wurde die Quadriga unter Mitarbeit von Jury, der sie schuf und abmontieren half, überholt und an entscheidender Stelle verändert: War aus der Friedensgöttin Eirene zuvor schon die Siegesgöttin Viktoria geworden, so erhielt sie – bevor sie wieder auf dem Brandenburger Tor erschien – das für uns heute klassische Symbol des Preußentums: das Eiserne Kreuz.

Das Eiserne Kreuz
Ein Symbol macht Karriere

Das Eiserne Kreuz, am 10. März 1813 von Friedrich Wilhelm III. gestiftet, war der erste preußische Orden, der an Offiziere und Mannschaften gleichermaßen verliehen werden konnte. Die Stiftung kam nicht von ungefähr. Der König wußte, daß ein künftiger Krieg gegen Napoleon mit den Kabinettskriegen seiner Vorgänger nicht mehr vergleichbar sein würde. Der künftige Krieg würde ein Volkskrieg sein, zu dem jeder Preuße »motiviert« werden mußte, sollte die Niederlage nicht vorprogrammiert sein. Der neugeschaffene Orden sprach darum nicht mehr das Standesbewußtsein, sondern das Nationalgefühl an. Schon 1810 hatte Preußen, wie alle anderen deutschen Staaten, in diesem Sinn das Ordenswesen neu geordnet. Ironischerweise war dabei das französische Modell Vorbild.

Karl Friedrich Schinkel erhielt den Auftrag, das Eiserne Kreuz nach einer Ideenskizze des Königs zu entwerfen, die sich am Kreuz der Deutschen Ordensritter orientierte. Über seine Form bestimmte die Stiftungsurkunde: »Beide Klassen (EK I und EK II) haben ein ganz gleiches in Silber gefaßtes schwarzes Kreuz aus Gußeisen, die Vorderseite ohne Inschrift, die Kehrseite zu oberst Unseren Namenszug mit der Krone, in der Mitte drei Eichenblätter und unten die Jahreszahl 1813, und beide Klassen werden an einem schwarzen Bande mit weißer Einfassung, wenn das Verdienst im Kampf mit dem Feind erworben ist, an einem weißen Bande mit schwarzer Einfassung, wenn dies nicht der Fall ist, im Knopfloch getragen.«

Darüber hinaus stiftete der König das »Großkreuz«, reserviert für kommandierende Militärs nach einer gewonnenen Schlacht oder der erfolgreichen Verteidigung einer Festung.

Dieses Eiserne Kreuz sollte nun, nach dem Sieg über die französische Fremdherrschaft, das Symbol des Sieges, die heimgekehrte Quadriga, krönen. Ein logischer Schluß, wenn schon Eirene zu Viktoria geworden war.

Schon in der Urgestalt hatte die Göttin in ihrer Rechten eine Trophäe getragen: einen Speer, gekrönt mit einem Helm, darunter ein Brustpanzer und zwei Schilde an den Seiten. Doch die Berliner lehnten diese Trophäe ab, sah sie doch aus wie eine Laterne. Die Trophäe wurde bis in unser Jahrhundert im Zeughaus Unter den Linden gesichtet. Heute ist sie verschollen.

Schon zu einer Zeit, als der Triumphwagen unwiederbringlich verloren schien, hatte sich Karl Friedrich Schinkel Gedanken gemacht, wie der leere Platz auf dem Tor neu gestaltet werden könnte. Einem Brief Schinkels vom 26. Mai 1814 ist zu entnehmen, daß er die ursprüngliche Idee, allein ein monumentales Eisernes Kreuz zu installieren, als »Vandalismus« ablehnte. Statt dessen hatte er bereits eine neue Quadriga nach römischem Vorbild entworfen, »wo statt der Viktoria das römische Panier aus siegreichen Waffen hervorragte, an welchem die Zügel der Rosse geknüpft waren«.

»Unter den jetzt statthabenden Umständen, da wir den Triumpfwagen wieder erhalten haben, findet der oben entwickelte Gedanke ebenfalls auf höchst zweckmäßige und dem Kunstwerke selbst vortheilhafte Art, Anwendung … Wäre es nicht die passlichste und zugleich schönste Art, das eiserne Kreuz anzubringen, wenn man unsere Viktoria nach der beigefügten Zeichnung das Preussische Panier nach obenbeschriebener Art, auf den Wagen gestützt, emporstehend halten ließe, wie würdig beschlösse es hier nicht die ganze Gruppe und wie sehr würde diese nicht gewinnen durch die dadurch erhaltene piramidele Form.« Die Trophäe wurde in Schinkels Sinne und auf Befehl des Königs von Jury geändert.

In der Literatur gibt es immer wieder Verwirrung um den Kranz, der das Eiserne Kreuz umgibt. Ist er aus Lorbeer oder Eichenblättern? Oder besteht er, wie Siefart salomonisch entschied, aus Lorbeer- und Eichenblättern? Wer bei Schinkel nachliest, erfährt es genau: »Dies Panier Preussens besteht aus einem Eichenkranz welcher das eiserne Kreuz umschließt, über welchem der preußische Adler mit ausgebreiteten Schwingen … schwebt.«

Am 30. Juni 1814 war es dann soweit: Die Quadriga kehrte zurück auf das Tor. Doch gleich nach der Montage wurde sie den Augen der Berliner wieder entzogen. Auf Befehl des Königs verschwand sie unter einer »zeltartigen Bedachung«, bis zum 7. August. An diesem Tag zog Friedrich Wilhelm III. als siegreicher Feldherr an der Spitze seiner Truppen durch das Brandenburger Tor nach Berlin.

»Jetzt fiel«, beschreibt Siefart die Situation, »die zeltähnliche Bedachung wie durch einen Zauberschlag. Im gleichen Augenblick brach die Sonne durch die Wolken, und in ihrer neu errungenen Glorie stand die Viktoria wieder auf ihrem alten Platze.«

Mehr der Realität verhaftet erscheint der Hinweis von Demps, der auf die Schinkelsche Dekoration am Tor verweist: Zehn Siegessäulen hatte er hufeisenförmig zwischen dem Tor und der Charlottenburger Chaussee aufstellen lassen. Darauf je eine Siegesgöttin, daran Adler, Schilder mit den Namen der Schlachtfelder, Standarten und Girlanden. Das Tor wurde an diesem Tage zum ersten Mal für einen festlichen Einzug dekoriert, aber es sollte nicht das letzte Mal gewesen sein.

Der Sieger zieht ein: Napoleon I. nach der Niederlage Preußens bei Jena und Auerstedt 1806 (Gemälde von Charles Meynier). Manche Berliner jubeln. Die Quadriga steht auf dem Brandenburger Tor – noch.

Der Kupferstich von F. A. Calau zeigt 1813 das Tor »nackt« – wie seit sieben Jahren.

Zwei Karikaturen Schadows: Napoleon als der größte Feldherr aller Zeiten (»Emparez-vous de Berlin – Bemächtigt Euch Berlins!«) – und als »Pferdedieb von Berlin«.

Der Traum von der Rückkehr: Als diese Allegorie veröffentlicht wird, ist die Quadriga gerade seit sechs Tagen auf dem Heimweg von Paris nach Berlin.

»Übermuth nahm sie – Tapferkeit bringt sie zurück.« Napoleons Schindmähren chancenlos gegen Viktorias Rösser. Zeitgenössischer Kupferstich von D. Berger.

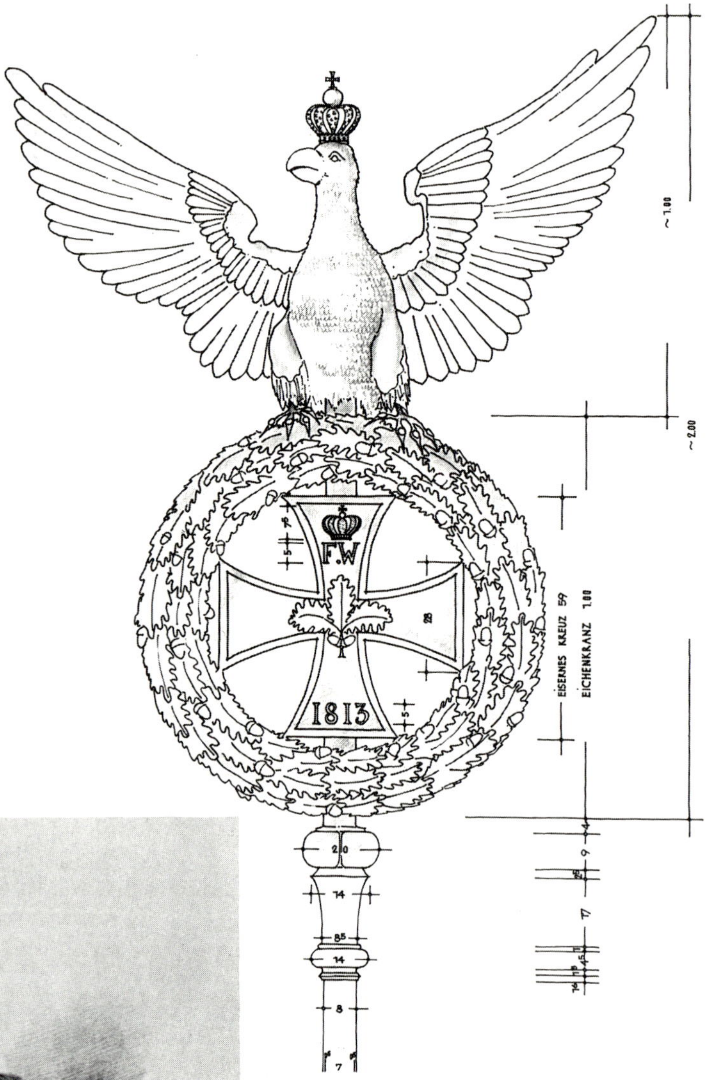

Diese detailgenaue Zeichnung der Trophäe entsteht 1958 bei der Neuschaffung der Quadriga.

Karl Friedrich Schinkel (1781–1841), bedeutendster Baumeister Preußens in der ersten Hälfte des 19. Jahrhunderts (Zeichnung von S. Diez, 1838). Er entwirft die neue Trophäe der Göttin Viktoria mit dem Eisernen Kreuz.

Die Viktoria als Riesendame. Auf dieser Zeichnung ist zu erkennen, daß sie im Verhältnis zu ihren Pferden falsch proportioniert ist. Aber für die Perspektive der Passanten auf der Straße stimmt es.

Die Heimkehr: 7 Jahre, 6 Monate und 9 Tage nach ihrem Abtransport kehrt die Quadriga zurück an ihr Brandenburger Tor. Bis zum Einzug des Königs bleibt sie allerdings den Blicken entzogen. Federlithographien nach Zeichnungen von R. Knötel, um 1914.

Die Quadriga wird vom Jagdschloß Grunewald nach dem Brandenburger Tor gebracht.
30. Juni 1814.

Einzug des Königs an der Spitze der Garde am 7. Aug. 1814 durch das Brandenburger Tor im Festschmuck mit der soeben enthüllten Quadriga

Vom Stadttor zum Siegesdenkmal
Eine neue Rolle für das Tor

Ist das Brandenburger Tor ein Stadttor oder ein Denkmal? Bei den anderen Berliner Toren stellt sich die Frage nicht, denn sie waren bescheiden geschmückte Zweckbauten. Das Brandenburger, das zweite von 1791, fiel hingegen völlig aus dem Rahmen. Zwar hatte es die profane Aufgabe, die Straße aus Charlottenburg und dem Tiergarten zu kontrollieren, damit keine ungebetenen Besucher und keine unverzollten Waren eindrangen. Dazu war es ja auch für die Nacht und für Zeiten der Unruhe mit Torflügeln versehen, die dem ästhetischen Eindruck erheblichen Abbruch taten. Aber Größe und künstlerischer Gehalt erhoben dieses Tor weit über die anderen. So blieb es folgerichtig auch als einziges erhalten, als Berlin aus allen Nähten platzte und auch keine Zollmauer mehr brauchte.

Die Prachtstraße Unter den Linden war eine wichtige Verkehrsachse. Sie mündete in den rechteckigen Pariser Platz, dessen Häuser bis unmittelbar ans Tor gebaut waren. Der Verkehr in den Tiergarten hatte sich also zwischen den Säulen des Brandenburger Tors hindurchzuzwängen. Auch dann noch, als Autos die Pferdekutschen und Reiter verdrängten.

Als die Autos immer zahlreicher wurden – da sind wir schon weit im 20. Jahrhundert –, kamen Pläne auf, das »Verkehrshindernis« umfahren oder gar unterfahren zu lassen. Nicht nur zur Bequemlichkeit der Autofahrer, sondern auch aus Rücksicht auf den Zustand des Tors. Aber es blieb, wie meistens, alles beim alten.

Das Tor von seinen Nachbarbauten zu befreien – diese Aufgabe wurde bekanntlich im Zweiten Weltkrieg gelöst. Jüngere Besucher kennen den Pariser Platz nur noch aus alten Darstellungen als geschlossenes Ensemble.

Am 13. August 1961 wurde die Frage »Tor oder Denkmal« gewaltsam beantwortet. Mit dem Mauerbau war das Brandenburger Tor seiner Verkehrsfunktion beraubt. Wie nie zuvor in den (fast auf den Tag genau) einhundertsiebzig Jahren seit seiner Eröffnung wurde es mit diesem Tag zum politischen Symbol. Es stand im Sperrgebiet, erreichbar nur für Grenzsoldaten und Staatsgäste der DDR, nötigenfalls für streng bewachte Bauarbeiter. Bis zum 22. Dezember 1989.

Tor oder Denkmal? Es war seit jeher nicht nur das eine oder das andere. Zu Anfang noch ein wirkliches Tor, das die Stadt abriegelte und bewachte, war es zugleich auch ein Symbol des modernen, nachfriderizianischen Preußen. Als das Tor dann immer offen stand, wurde es mehr und mehr zum Denkmal, oft genug mißbraucht. Als es geschlossen war, seit 1961, war es nur noch Denkmal – und als solches berühmter denn je zuvor. Jetzt ist das Denkmal wieder offen, aber als Tor natürlich längst zu klein geworden.

Eine andere Frage: War dieses Denkmal-Tor oder Tor-Denkmal gedacht als Friedenstor oder als Siegestor?

Die Schöpfer, Langhans und Schadow, hatten ein Friedenstor im Sinn. Darauf deutet auch die Tatsache hin, daß die Göttin mit ihrem Streitwagen nicht auszieht in Feindesland, sondern den Frieden in die Stadt bringt.

Es sei noch einmal gesagt, daß es eine hartnäckige, aber falsche Legende ist, der Wagen sei erst im Lauf der Zeit »verkehrtherum« aufs Tor gestellt worden.

Vor allem die Namensgebung zeigt jedoch den Sinneswandel. Die Wagenlenkerin sollte, nach dem Willen ihres Schöpfers, Eirene heißen, benannt also nach der griechischen Göttin des Friedens. Aber der Name setzte sich nicht durch. Schnell war Eirene in Vergessenheit geraten, zugunsten von Nike oder Viktoria, der griechischen beziehungsweise römischen Siegesgöttin, von denen wiederum letztere das Rennen machte.

Auch der Name »Friedenstor«, den das Bauwerk bei seiner Eröffnung offiziell erhielt, war eine Eintagsfliege. Das Tor wurde eine *porta triumphalis*. Sieger paradierten durch seine Säulen hinein in die Stadt: 1815, 1864, 1866 und 1871. Dem Wort Frieden schien im Preußen jener Jahrzehnte der unangenehme Beigeschmack von Schwäche anzuhaften. Deswegen hieß der Zustand zwischen zwei Kriegen damals »Siegfrieden«. Ihn zu feiern, war das Brandenburger Tor die unverzichtbare Kulisse. In Friedenszeiten wie nach 1871 wurden wenigstens die Jahrestage von Siegen gefeiert, wie der Sedanstag fünfundzwanzig Jahre nach der Schlacht. Das Tor stand im Mittelpunkt. Sein ursprünglicher Anspruch war vergessen: »Friedenstor«.

Er kann wiederentdeckt werden.

Der Pariser Platz
Die »gute Stube« von Berlin

Einst die gute Stube Berlins am Brandenburger Tor, wurde der Pariser Platz 1945 zu einer dramatischen Ruinenkulisse, später ein ödes freies Feld. Nur der Verlauf der Bürgersteige ließ zuletzt noch ahnen, daß hier einmal ein städtebauliches Juwel gewesen war.

Seit den dreißiger Jahren des 18. Jahrhunderts wuchs Berlin über den alten Stadtkern hinaus nach Westen und Südwesten. Die Stadtplaner König Friedrich Wilhelms I. konnten auf der grünen Wiese Straßen und Plätze planen und städtebauliche Ideen verwirklichen. Eine davon war, an den neuen Grenzen der Stadt drei repräsentative Plätze in verschiedener, unverwechselbarer Form anzulegen.

Am Südende der Friedrichstraße, die verlängert wurde, entstand am Halleschen Tor ein runder Platz. Er wurde, folgerichtig, »Rondell« genannt, später Belle-Alliance-Platz, nach der Schlacht bei einem gleichnamigen Gehöft in der Nähe Brüssels am 18. Juni 1815, bei der Napoleon endgültig aus der Geschichte schied. (Heute spricht man nur noch von der Schlacht bei Waterloo und erinnert sich an den Ausspruch des britischen Feldherrn Wellington: »Ich wollte, es würde Nacht, oder die Preußen kämen!« Blücher kam tatsächlich.) Der runde Platz ist im heute unansehnlich wirkenden Nachkriegsstil bebaut und heißt Mehringplatz, nach dem 1919 gestorbenen sozialdemokratischen Journalisten und Schriftsteller.

Dann das »Oktogon«. Es lag im Verlauf der Leipziger Straße, wenige Meter östlich des Potsdamer Platzes. Das Oktogon, das Achteck also, nach der Völkerschlacht 1813 »Leipziger Platz« genannt, war bis zum Zweiten Weltkrieg eine der besten Adressen der Reichshauptstadt. Heute ist in der Wüstenei des ehemaligen Grenzgebiets der DDR-Hauptstadt das Achteck nicht mehr zu erkennen.

Schließlich das »Quarré«, das Viereck. Es war der repräsentative Schlußpunkt der in den Tiergarten hinausgeschobenen Prachtstraße Unter den Linden und heißt, wie gesagt, seit Blüchers siegreichem Feldzug 1814 »Pariser Platz« – bis heute.

Interessanterweise ist nicht mehr genau festzustellen, wann die Bebauung des Platzes begann. Dabei geht es um Baumaßnahmen der Zeit nach 1730, also um Vorgänge, die mit Geld und Gut zu tun hatten und auch damals schon genau registriert wurden. Aber die Aktenlage erlaubt keine genaue Datierung. Möglicherweise wurden schon 1729 zwei Palais gebaut, nachdem dafür ein Stück des Tiergartens abgeholzt worden war. Mit Sicherheit ab 1735 entstanden rund um den Platz herrschaftliche Gebäude. Aus der gleichen Zeit stammt der anfangs beschriebene bescheidene Vorgängerbau des heutigen Brandenburger Tors.

Die Namen der ersten Besitzer der Häuser am Quarré sagen nur noch intimen Kennern der preußischen und Berliner Geschichte etwas. Bemerkenswert für die damalige Zeit ist, daß das Haus Nr. 4 einem Juden gehörte: Meyer Ries, königlicher »Schutzjude«, wie es damals hieß, unter anderem dafür bekannt, daß er dem König bei der oftmals nicht ganz legalen Beschaffung seines Lieblingsspielzeugs behilflich war, der fünfhundert »langen Kerls« seines I. Bataillons des 1. Garderegiments zu Fuß.

Gebhard Leberecht von Blücher, der ja bei verschiedenen Gelegenheiten Napoleon geschlagen hatte, erhielt dafür vom König das Palais Pariser Platz Nr. 2 geschenkt. (Da hieß der Platz dank Blücher schon so.) Er konnte sich des Hauses nicht lange erfreuen, seine Erben hielten es bis zum Ende des Jahrhunderts. 1930 erwarben es die Vereinigten Staaten von Amerika als Botschaft, aber noch vor dem Einzug brannte es erst einmal aus. Als es gerade fertig war, begann der Zweite Weltkrieg.

Der französische Botschafter hatte schon 1864 am Pariser Platz Quartier genommen, im Haus Nr. 5. Der Erste Weltkrieg unterbrach die Anwohnerschaft, der Zweite beendete sie bis auf weiteres. Im Haus Nr. 6a schließlich war die Botschaft der Niederlande.

Die im Krieg zerstörten Botschaftsgebäude wurden Ende der fünfziger Jahre beseitigt. Damals hatte die DDR die Absicht, wiederum Botschaften an diesem berühmten Platz anzusiedeln – natürlich jener Länder, die damals den »zweiten deutschen Staat« bereits anerkannt hatten. Aber der Plan war mit dem Mauerbau 1961 begraben – welcher Staat hätte seine Botschaft schon im Sperrgebiet haben wollen?

Vom berühmtesten Künstler, der am Pariser Platz wohnte, wird später die Rede sein: Max Liebermann. Einhundert Jahre früher besaß ein Kollege von ihm das Haus Pariser Platz Nr. 1, das also unmittelbar südlich an das Brandenburger Tor angebaut war. Francis Cunningham ist nicht berühmt genug, um heute noch im Brockhaus zu stehen, aber zur Zeit Friedrichs des Großen galt er etwas bei Hofe, weil er letzteren oft und freundlich darstellte.

Auch andere Künstler lebten, meist für kurze Zeit, an diesem Platz, der unter den deutschen Postadressen einen besonderen Klang hatte. So der Theaterdirektor und Dramatiker August Wilhelm Iffland (der mit dem Ring, den er aber gar nicht selbst gestiftet hat), die romantische Dichterin Bettina von Arnim, der Komponist und Operndirektor Giacomo Meyerbeer, der trotz seines exotischen Namens Berliner war und bürgerlich Jakob Liebmann Beer hieß; er wohnte immerhin von 1848 bis 1863 im Haus Nr. 6 zur Miete.

Am 25. Januar 1907 wurde das umgebaute Haus Pariser Platz Nr. 4 feierlich eingeweiht als Domizil der Preußischen Akademie der Künste. Sie hatte ihren alten Sitz Unter den Linden dem Neubau der Preußischen Staatsbibliothek opfern müssen. Der Hauptbau der Akademie wurde, wie alles am Pariser Platz, ein Opfer des Zweiten Weltkriegs und der Zeit danach. Nur das Hintergebäude mit den Künstlerateliers überstand die Jahrzehnte, heruntergekommen, im trostlosen Sperrgebiet, keinen Steinwurf von der Mauer.

Achtundzwanzig Jahre lang standen an den Sperrgittern zum Pariser Platz die Touristen, und wer sich unter sie mischte, hörte aus ihren Äußerungen die Herkunft. »Wessis«

sprachen offen angewidert über die martialischen Sperren. »Ossis«, wenn sie nicht stumm blieben, machten vorsichtige Bemerkungen: »Guck mal, die Tauben können einfach rüberfliegen.« Als im Herbst 1989 die Mauer längst an vielen Stellen offen war, hielten die Grenztruppen der vergehenden DDR immer noch »ihren« Pariser Platz frei von Unbefugten.

Einer der schönsten Plätze des alten Berlin wurde vom Zweiten Weltkrieg und der DDR als Wüste hinterlassen. Die Überlegungen, wie man ihn neu – oder alt – gestalten solle, begannen mit der Wende 1989.

Alltag und Revolution

Biedermeier und Märzgefallene

Die stürmischen Jahre der Befreiungskriege wurden abgelöst durch die auf den ersten Blick beschauliche Zeit des Biedermeiers.

1816 wurde das Tor zum zweiten Mal renoviert. Der Sandstein mußte gepflegt und konserviert werden. Statt der veranschlagten 866 Taler kosteten die Bauarbeiten zum Schluß 1318 Taler. Kostenvoranschläge waren schon damals Glückssache. Schon zwei Jahre später mußten dann die Torflügel überholt werden. Die Holztore hatten sich so weit gesenkt, daß sie schon bei trockenem Wetter fast am Boden schleiften. Bei Regen ließen sie sich nicht mehr schließen. Zum Schutz der Säulen vor den Wagenrädern der Kutschen wurden Prellsteine gesetzt: erbeutete französische Geschützrohre aus dem letzten Krieg. Manche Berliner entdeckten, lange vor Erfindung der Litfaßsäule, die Torsäulen als Plakatfläche. Im März 1824 wurde das Polizeipräsidium beauftragt, »gegen die Verunreinigung dieses so schönen Bauwerks zweckdienliche Maaßregeln zu treffen«.

1839 waren erneut Reparaturen fällig, ein Jahr später wurden die Metallgitter entfernt und für 385 Taler versteigert. 1851 war dann das Kupferdach renovierungsbedürftig. Für 2330 Taler bekam das Tor ein dichtes Dach. Das alte Kupferblech wurde zu Geld gemacht und für immerhin 929 Taler verkauft.

Für Siegesparaden gab es in diesen friedlichen Zeiten keinen Anlaß, paradiert wurde von den Militärs trotzdem gern. Der Auszug zum Manöver und die Rückkehr in die Garnison waren für alle in Berlin stationierten Truppen eine willkommene Gelegenheit, durch das Tor zu ziehen. Schließlich unterstand es als Stadttor dem Militär, und Soldaten standen dort Wache.

Und auch die Berliner ohne Uniform zogen gern durch das Tor in den Tiergarten zum Flanieren. Am Tor erwarteten sie die sogenannten »Torwagen«, die zu Fahrten in die nähere Umgebung einluden. Sie fuhren zu festen Zielen, aber ohne festen Fahrplan. Die Passagiere mußten warten, bis der Wagen voll besetzt war. Zwischen vier und 16 Passagieren fanden in den Chaisen und Korbwagen Platz. Besonders am Sonntag warteten 30 bis 40 Kutschen, im Winter Schlitten, auf Passagiere nach Charlottenburg.

Ab 1825 gab es Konkurrenz am Tor. Die neueren, stabileren Wagen des Hofrats Kremser warteten auf Kunden. Anders als die alten Wagen hatten die »Kremser« ein Verdeck, das gegen Regen und Sonne Schutz bot.

Am 1. Januar 1847 eröffnete die »Concessionierte Berliner Omnibus-Compagnie« ihre Linie 1 vom Alexanderplatz zum Tiergarten. Im 15-Minuten-Takt wurde die Strecke befahren. Auf Zuruf hielten die Wagen, nahmen aber weder Betrunkene noch »unreinlich Gekleidete« oder Hunde mit.

Ein Jahr später war Revolution in Berlin. »Ein neues Deutschland« forderten die Demonstranten wie in vielen anderen deutschen Städten auch. Sie verlangten Rede- und Pressefreiheit, ein Versammlungs- und Vereinigungsrecht, eine unabhängige Justiz, eine allgemeine deutsche Volksvertretung.

Formuliert wurden die Forderungen in den »Zelten«, volkstümlichen Ausflugslokalen im

Tiergarten. Am Abend des 13. März 1848 zogen von dort rund 10000 Demonstranten Richtung Schloß. Dem König wollten sie ihre Forderungen kundtun. Schon am Brandenburger Tor wurden sie von den Truppen erwartet. Beide Seiten fühlten sich provoziert, es gab schwere Zusammenstöße. Mit der flachen Klinge trieb das Militär die aufbegehrenden Bürger auseinander. Es kam zu Straßenkämpfen, Barrikaden wurden gebaut.

Erst am 19. März konnte durch Verhandlungen weiteres Blutvergießen verhindert werden. König Friedrich Wilhelm IV. gab nach. Die Garnison verließ Berlin, eine bewaffnete Bürgerwehr zog als Schloßwache auf, die Presse erschien unzensiert – es durfte sogar auf der Straße geraucht werden. Die 183 Bürger, die bei den Kämpfen ums Leben gekommen waren, wurden als »Märzgefallene« geehrt und feierlich im Friedrichshain beigesetzt.

In den folgenden Monaten brodelte es in Berlin wie überall in Deutschland. Eine Berliner Nationalversammlung trat zusammen. Ein »Gegenparlament«, das sich als linke Opposition zur Frankfurter Paulskirche verstand, kam hinzu. Aber die Reaktion sammelte sich. Der König war entschlossen, daß die »Eiterbeule von Berlin«, wie er es abschätzig nannte, »operiert werden muß«. Am 10. November zogen die Truppen des Königs durch das Brandenburger Tor wieder in die Stadt. 13000 Soldaten mit 60 Geschützen beendeten die Revolution durch ihre Präsenz. Der Versuch einer bürgerlichen Demokratie war gescheitert. Es herrschte wieder »Ruhe« in Berlin. Aber mit der scheinbaren Idylle des Biedermeier war es endgültig vorbei.

Berlin wächst

Das Tor ist nicht mehr Grenze

Der Abbruch der Mauer vor dem Brandenburger Tor, so ist zu lesen, begann am 28. August … Gemeint ist das Jahr 1865.

Als sich am 22. Dezember 1989 die verhaßte und in aller Welt berüchtigte Berliner Mauer am Brandenburger Tor öffnete, gingen die Bilder *live* um die Welt.

Natürlich erinnerte sich an diesem Tag niemand an den Vorgang vor 124 Jahren, als an gleicher Stelle eine andere Mauer abgetragen wurde, das Geschehen ist auch nicht zu vergleichen. Es ist nur ein historischer Zufall, daß Walter Ulbricht 1961 seinen »antifaschistischen Schutzwall« über weite Strecken genau dort bauen ließ, wo einst die Zoll- oder Akzisemauer der preußischen Hauptstadt gestanden hatte. Ende der Parallele.

Berlin war um 1865 etwa so groß wie Frankfurt am Main heute: über eine halbe Million Einwohner. Damit hatte es sich von der immer noch beschaulichen Residenzstadt, die es zur Zeit des Baus des Brandenburger Tors gewesen war, zu einem der Ballungszentren in Deutschland entwickelt. Vor allem aus Osten strömten die Neu-Berliner heran. Bald begann man zu sagen: Ein echter Berliner ist in Schlesien geboren. Industrie siedelte sich an, Bahnhöfe und Gleisanlagen kesselten die Stadt ein, Kanäle und Häfen wurden angelegt. Nur der Bereich zwischen Schloß und Brandenburger Tor behielt – bei allen baulichen Veränderungen – seinen Charakter bei: vornehme Residenz.

Die Entwicklung hatte natürlich Auswirkungen auf die Rolle des Brandenburger Tors. Anfang 1861 waren, nicht ohne Widerspruch der Betroffenen, einige Gemeinden kurzerhand der Hauptstadt zugeschlagen worden, deren Fläche damit um siebzig Prozent wuchs. Im Westen waren unter anderem Wedding und Moabit hinzugekommen. (Die Radikallösung mit Namen »Groß-Berlin« wurde dann 1920 geschaffen, die Bezirksgrenzen bestehen im wesentlichen bis heute und waren 1945 Grundlage der Einteilung in Sektoren; die Grenze zwischen britischem und sowjetischem Sektor am Tor verlief dort, wo einst die Akzisemauer gestanden hatte.)

Die damalige Mauer stand nun also nicht mehr an der Grenze, sondern in der Stadt. Sie hatte ihren Sinn und Zweck eingebüßt. Vernünftige Menschen hätten gesagt: weg mit dem Verkehrshindernis und den Toren, sofern sie nicht künstlerisch bedeutsam waren. Aber das Kriegsministerium machte Bedenken geltend, wohnten doch vor den Toren inzwischen Menschenmassen, die aufgrund ihrer sozialen Lage möglicherweise eines Tages unruhig würden. Militärs rechnen eben immer mit dem Schlimmsten und wollen dreifach gewappnet sein.

Der König persönlich beendete die Auseinandersetzung. Laurenz Demps zitiert in seinem Tor-Buch die kaum bekannte Kabinettsordre vom 29. Juni 1865: »… genehmige ich, daß der Abbruch der Stadtmauer von Berlin … vorgenommen und nach und nach zur Ausführung gebracht werde.« Am 28. August 1865 begann der Abriß am Brandenburger Tor.

Umbaupläne
Gescheiterte Versuche

Kann ein Bauwerk von seinen geistigen Vätern so gut geplant werden, daß künftige Generationen nichts daran verändern mögen, ihm nicht ihren eigenen Stempel aufdrücken wollen? Undenkbar! Es gibt wohl kein Bauwerk, dem dieses Schicksal erspart blieb. (Außer vielleicht den Pyramiden, und denen wohl auch nur deshalb, weil sie in der Wüste und nicht im Stadtzentrum von Kairo stehen.)

Das Tor jedenfalls ist nicht nur öfter in seiner Geschichte renoviert worden, es fanden sich auch immer wieder Städteplaner, Architekten, Berufene und Unberufene, die sich am Tor, zumindest auf dem Reißbrett, versuchten. Die meisten Pläne blieben Pläne. Auch wenn schon im Kaiserreich Architekten meinten, das Tor gehöre »freigestellt«.

Im Dezember 1865 legte Bauinspektor Blankenstein von der »Königl. Ministerial-Bau-Kommission« vier Entwürfe vor, wie die Anbauten rechts und links des Haupttores neu gestaltet werden könnten. »Da es auch seiner Architektur nach das Bedeutendste ist und gleichzeitig den Zugang zu der prächtigsten Straße Berlins bildet, so erscheint es billig, es so umzubauen und zu schmücken, wie es sich für ein Haupt- und Pracht-Tor der Residenz geziemt«, schrieb Blankenstein, dem das Tor auch als ein »Denkmal vaterländischer Geschichte« erschien. »Im Volksbewußtsein gilt das Brandenburger-Tor wegen der an der Wiedereroberung der Viktoria sich knüpfenden Erinnerungen ungeachtet seiner früheren Entstehung längst als ein Denkmal des Befreiungskrieges ...«

Diesem Gedanken fühlte sich auch Blankenstein verpflichtet. Doch keinem seiner Entwürfe war zunächst Erfolg beschieden, hatte sich doch auch noch Wilhelm I. in die Planung eingeschaltet.

Insgesamt neun Entwürfe legte Blankenstein vor. Einer sah, auf Drängen des Polizeipräsidiums, sogar den Einbau einer öffentlichen Toilette vor. Selbstverständlich lehnte Wilhelm dieses Ansinnen ab. Das Tor sollte nationalen und ästhetischen Bedürfnissen dienen. Am 28. Januar 1867 bestimmte er per Kabinettsordre: »Auf Ihren Bericht ... genehmige Ich, daß die an das Brandenburger Tor zu Berlin angebauten niedrigen Ställe und Remisengebäude abgebrochen und die Flügelgebäude dieses Tores ... verlängert, auf den Rückseiten (Richtung Tiergarten) mit einer Säulenreihe versehen und mit den dahinterstehenden Steuer- und Wachtgebäuden durch Architrave (die Säulen verbindende Querbalken) und eine Glasbedachung in Verbindung gebracht werden. Wilhelm.«

Doch es dauerte bis zum Frühjahr 1868, bis nach Klärung aller Details mit der Ausführung begonnen wurde. Ende des Jahres war dann alles fertig. Die folgenden vierzig Jahre überstand das Tor ohne Reparaturen und Veränderungen.

1908 hatte die Berliner Luft die Quadriga zum ersten Mal »geschafft«. Nach über 100 Jahren waren Holzbohlen verfault, Bolzen und Gestänge verrostet, die Trophäen so zerstört, daß befürchtet wurde, Teile könnten herunterstürzen.

In zehn Wochen hatte man alle Schäden beseitigt, ohne die Figurengruppe vom Tor zu nehmen. »Durch diese eingehende Rekonstruktion sowie durch das Gutachten der Sachverständigen ist Gewähr geleistet, daß die Quadriga nach menschlichem Ermessen noch viele Generationen erleben wird«, schrieb Siefart 1912. Das Jahr 1945 erlebte er nicht.

Hitlers Architekt Albert Speer war es, der die vorerst letzten Pläne zur Umgestaltung des Tores vorlegte. In seinen Entwürfen zur Umgestaltung der Reichshauptstadt Berlin zur »Welthauptstadt Germania« spielte das Tor nur eine untergeordnete Rolle, die aber in diesem Zusammenhang nicht unerwähnt bleiben soll.

Albert Speer, der in die deutsche Architekturgeschichte als ein zweiter Friedrich Schinkel eingehen wollte, griff auf die alte Idee zurück, das Tor freizulegen. Die Zerstörung eines historischen Raumes wurde dabei billigend in Kauf genommen. Die alten Modellfotos dieser Planung drängen dem Betrachter den Gedanken auf, daß hier umgebaut werden sollte um des Umbauens willen, egal um welchen Preis. Zum geplanten Baubeginn 1946 war die Geschichte über die Entwürfe längst hinweggegangen.

Am anderen Ende der »Linden«: der Opernplatz. Eine Parade vor König Friedrich Wilhelm III. im Jahr 1837. Das ganze »Ensemble« zwischen Brandenburger Tor und Stadtschloß dient als Kulisse der königlichen Repräsentation.

Schlußpunkt der Prachtstraße Unter den Linden: das »Quarré« am Brandenburger Tor, seit 1814 bis heute der »Pariser Platz«: in einer Federlithographie nach Zeichnung von Calau (um 1820), darunter mit der Preußischen Garde (Stahlstich, um 1840).

Seite 67 oben: ein Holzstich (um 1886), darunter Heliogravüre (um 1905).

Eine der berühmten Bauten am Pariser Platz: Seit dem 25. Januar 1907 beherbergt das Haus Nr. 4 die Preußische Akademie der Künste.

Berühmte Anwohner des Pariser Platzes: Generalfeldmarschall Gebhard Leberecht Blücher (links oben), die romantische Dichterin Bettina von Arnim, der Schauspieler und Theaterdirektor August Wilhelm Iffland, der Komponist und Operndirektor Giacomo Meyerbeer (rechts unten).

Ein Umbauplan von 1907/08, der zum Glück in den Schubladen blieb. Der Urheber ist heute nicht mehr bekannt. Offenbar war ihm das Tor zu bescheiden proportioniert.

Um die »Freistellung« des Tors geht es in diesen beiden Plänen von 1907/08, die ebenfalls nicht verwirklicht wurden. Die Urheber: der Hofoperndirektor a. D. Ferdinand von Strantz und der Hofarchitekt Ernst von Ihne, Erbauer unter anderem des Marstalls und der Staatsbibliothek.

Idylle aus dem Kaiserreich: Fußgänger, Reiter, Pferdewagen auf dem Pariser Platz. Gefahren und geritten wird im Linksverkehr. Die mittlere Durchfahrt ist den königlichen Wagen vorbehalten.

Siege und Paraden

Das Tor als Kulisse

Viel war in Europa und in den deutschen Ländern passiert, seit Napoleon niedergerungen und die Quadriga zurückgekehrt war, doch fast fünfzig Jahre lang hatte Preußen keinen Krieg und die Berliner keine Siegesparade mehr erlebt.

1864 war es wieder soweit. Zusammen mit Österreich zog Preußen gegen Dänemark. Nach nur zweimonatigem Kampf siegte Preußen am 18. April an den Düppeler Schanzen in Nordschleswig. Am Abend, beim Siegessalut in Berlin, wußte keiner der Beteiligten mehr, wie viele Schüsse abzufeuern waren. 49 Jahre lag der letzte Salut zurück.

Im Dezember zogen die Berliner Regimenter durch das Tor in ihre Standorte ein. Im Vergleich mit dem Einzug von 1815 und den kommenden Paraden war es eher ein bescheidenes Schauspiel. Theodor Fontane, der zu dieser Zeit ein begeisterter Verfechter Preußens und »seiner ruhmreichen Waffengänge« war, nahm als Kriegsberichterstatter an den Kriegen von 1864, 1866 und 1870/71 teil. Sein Gedicht »Einzug« vom 7. Dezember 1864 beginnt mit den Zeilen:

»Wer kommt? wer? –
Fünf Regimenter von Düppel her.
Fünf Regimenter vom dritten Korps
Rücken durchs Brandenburger Tor; ...
Fünf Regimenter, vom Sundewitt
Rücken sie an in Schritt und Tritt.«

Und den alten Fritz auf seinem Denkmal Unter den Linden läßt Fontane bemerken:

»Der neigt sich leise und lüpft den Hut:
›Konzediere, es war gut!‹«

Schon zwei Jahre später, beim Einzug der Truppen nach dem Sieg über Österreich 1866, sollte sich das Bild ändern. Bismarck, der sich von seiner Außenpolitik mit militärischen Mitteln auch eine Lösung der nationalen Frage versprach, konnte durch den Sieg über Österreich viele seiner Kritiker überzeugen, so auch den Bankier und Politiker Gustav Mevissen, der die heimkehrenden Einheiten am Tor erlebte:

»Ich kann mich dem Eindruck der Stunde nicht entziehen. Ich bin zwar kein Anbeter des Mars; ... aber die Trophäen des Krieges üben selbst auf ein Kind des Friedens einen magischen Zauber. Unwillkürlich ist der Blick gebannt, und der Geist weilt mit in den unabsehbaren Menschenreihen, die dem Gott des Augenblicks, dem Erfolg, zujauchzen.«

Wenn auch der Krieg von seinen Gegnern als »Bruderkrieg« kritisiert und die Ausgrenzung Österreichs aus dem Deutschen Bund verurteilt wurde, so empfingen die Berliner den König (4. August) und seine Truppen (20. und 21. September) triumphal. Das Brandenburger Tor stand jetzt schon traditionell im Mittelpunkt. So auch bei einem Brettspiel für die jüngsten Preußen, bei dem die Siege der Väter und Großväter noch einmal nachgewürfelt werden konnten.

Wie wenig die Berliner Polizei dem Jubel traute, zeigt ein Schreiben, das am 14. September 1866 bei der Ministerial-Bau-Kommission einging: »Zur Sicherung des Einzuges der Truppen am 20. und 21. September, insbesondere auch um Störungen des Vorbeimarsches derselben vor Sr. Majestät dem

Könige zu vermeiden, ist es erforderlich, das Brandenburger Tor sofort nach dem Durchzug der Truppen zu schließen ...« Da die alten Torflügel nicht mehr vorhanden waren, mußten in aller Eile neue gebaut werden. Die Rechnung zahlte der Magistrat.

Es sollte nur fünf Jahre dauern, bis das Tor als Kulisse für die letzte und größte Siegesparade jenes Jahrhunderts diente. Davor lagen der deutsch-französische Krieg von 1870/71 und die Ausrufung des preußischen Königs zum Deutschen Kaiser Wilhelm I. im Spiegelsaal von Versailles. Kurzum: Es war erreicht, die Einheit der Deutschen besiegelt, Bismarck stand vor dem Triumph seiner Außenpolitik.

Berlin fiel – nicht anders als der Rest Deutschlands – in nationale Begeisterung. Patriotismus wurde von jetzt ab zur Staatsräson erhoben und den Truppen am 16. Juni 1871 ein triumphaler Empfang bereitet, der alles bisher Dagewesene übertraf. Das Tor war festlich geschmückt, die Schmach von 1806 endgültig getilgt.

Ahnte Fontane den Ausgang des Unternehmens »Deutsches Reich« bereits voraus, als er auch diesem Einzug ein Gedicht widmete und wieder seine Worte dem alten Fritz in den Mund legte: »Bon soir, Messieurs, nun ist es genug«?

Demps meint, das Brandenburger Tor habe mit diesem Tag den Rang eines zentralen Weiheorts des deutschen Kaiserreichs, eines politischen Denkmals erhalten. Aus einem Stadttor war ein Triumphbogen geworden, das Symbol einer verspäteten Nation, die bald die Hybris erfassen sollte.

Pomp am Tor

Zu Besuch beim Kaiser

Das Deutsche Reich hatte nun, was in anderen europäischen Staaten über Jahrhunderte gewachsen war: eine Hauptstadt. Und diese Hauptstadt Berlin war schon 1871 mit über 800 000 Einwohnern eine Großstadt, die wie ein Magnet die Menschen anzog. 1905 war die Zwei-Millionen-Grenze überschritten, und nicht einmal zehn Jahre später, am Vorabend des Ersten Weltkriegs, war in Europa nur noch London größer als die junge deutsche Hauptstadt.

Doch dieses Berlin wuchs nicht nur durch seine neue Rolle als Haupt- und »Kaiserstadt« des Deutschen Reiches. Motor des ungeheueren Bevölkerungszuwachses war vor allem die industrielle Revolution, die seit Mitte des 19. Jahrhunderts auch die Berliner Wirtschaft antrieb. Besonders ärmere Männer, Frauen und ihre Familien zog es nach Berlin, wo sie besseren Lohn in Industrie, Handel und Verwaltung erhofften.

Daneben erstarkte das Bürgertum, das durch wachsenden Wohlstand, wenn nicht Reichtum, zunehmend selbstbewußt auftrat und in seiner Selbstdarstellung mit der herrschenden Aristokratie konkurrierte. Der Altadel sprach abfällig vom »Parvenü« und von Berlin als »Parvenüpolis«. Die eigentliche »Kaiserstadt« des Adels und der »guten alten Zeit« beschränkte sich auf die Achse vom Stadtschloß, auf dessen Areal später der »Palast der Republik« entstand, über die Straße Unter den Linden zum Brandenburger Tor.

Das Tor wurde zum Triumphbogen des Kaiserreichs. Kaum ein Staatsbesucher erreichte das Stadtschloß, ohne das Brandenburger Tor zu durchfahren. Auf dem Pariser Platz hatten Stadt und Magistrat die hohen Gäste zu begrüßen – nicht mehr als eine Reverenz des Protokolls an das bürgerliche Berlin. (Plastisches Beispiel ist das »Hof-Rang-Reglement« von 1878, welches bei Hofe den Zugang zum Kaiser regelte: Dem Oberbürgermeister von Berlin wies es den 39., den Rektoren der Universitäten den 47. Platz unter 62 Rangstufen zu.) Viel wichtiger für die Selbstdarstellung der Monarchie waren die Dekoration des Platzes und der Aufmarsch der Berliner Regimenter, die dem ausländischen Gast präsentiert wurden.

Die Regenbogenpresse unserer Tage hätte die größte Freude an diesen Spektakeln gehabt, denn zu schauen und zu feiern gab es genug am Brandenburger Tor der Kaiserzeit. Eine Auswahl der Prominenz und der Feste vor der Kulisse des Tores:

1889 König Umberto von Italien
1900 Kaiser Franz Joseph II. von Österreich
1901 200 Jahre Königskrönung der Hohenzollern
1902 König Viktor Emanuel III. von Italien
1905 König Alfons XIII. von Spanien
1908 das schwedische Königspaar
1909 König Eduard VII. von England

1913 diente das Tor gleich zweimal als Kulisse der Selbstdarstellung des Deutschen Reiches und seines Kaiserhauses: Im Mai verheiratete Wilhelm II. seine Tochter Viktoria Luise mit dem Herzog von Braunschweig. Im Juni beging er sein 25. Regierungsjubiläum. Aus beiden Anlässen traf sich der europäische Hochadel noch einmal in Berlin.

Zum Einzug des Zaren Nikolaus II. von Rußland und des englischen Königs Georg V. war die mittlere Tordurchfahrt mit hellem Sand ausgelegt worden. Viel Volk drängte sich auf dem Pariser Platz und sogar den Dächern der Torhäuser, um die Hoheiten zu sehen und ihnen zuzujubeln.

Ein Jahr später standen sie mit- und gegeneinander im Ersten Weltkrieg.

Neue Nachbarn
Siegessäule und Reichstag

Im Rücken der Quadriga wuchs Berlin über seine alte Grenze hinaus. Wo anfangs Jagdrevier und Wälder, allenfalls Gärten und ein paar Gewerbebetriebe gewesen waren, entstanden nach und nach ansehnliche Bauten. Vor allem im sogenannten Spreebogen, der ein begehrtes Viertel werden sollte, bis der Zweite Weltkrieg es umpflügte. Zwei Bauwerke in der Nachbarschaft des Brandenburger Tores wurden berühmt: die Siegessäule und der Reichstag.

Die Säule hat, was die meisten nicht mehr wissen, einmal ihren Standort wechseln müssen, weil sie gewaltigen Umbauplänen im Weg stand. Der Reichstag hat, wie die meisten wissen, ein dramatisches Schicksal erlitten. Er war nur 38 Jahre lang Sitz des deutschen Parlaments und nur in den 14 Jahren der Weimarer Republik wirklich Zentrum von Entscheidungen. Sein Brand am 28. Februar 1933 wurde von Weitsichtigen als Fanal empfunden. Seine Eroberung durch die Rote Armee am 1. Mai 1945 war der symbolische und tatsächliche Schlußpunkt des Zweiten Weltkriegs.

In den Jahren danach hörten Hunderttausende Berliner vor dem Reichstag Ernst Reuter und andere die Freiheit der Stadt beschwören. Dann war 28 Jahre lang aus den rückwärtigen Fenstern die Mauer zum Greifen nahe. Der Bau wurde provisorisch wieder hergerichtet, für die Kuppel war kein Geld da oder kein Mut. Bonner Fraktionen tagten, um die Fiktion der Hauptstadt symbolisch aufrechtzuerhalten. Die Wende in der DDR machte den Gedanken denkbar, daß aus dem Museum wieder das Parlament würde.

Die Idee, in Berlin eine steinerne Siegessäule zur Erinnerung und Feier eines militärischen Triumphes zu bauen, also nicht mehr nur ein provisorisches hölzernes Siegesdenkmal zu errichten, tauchte 1864 auf, als Preußen nach unkriegerischen Jahrzehnten wieder einmal gewonnen hatte: gegen Dänemark. Vor dem Brandenburger Tor sollte ein Siegesdenkmal, vielleicht ein Obelisk, für immer daran erinnern. Die Ortswahl wurde aber wieder verworfen, man einigte sich auf den Königsplatz, der später »Platz der Republik« heißen sollte und an dem der Reichstag noch längst nicht stand. Der Grundstein wurde 1865 gelegt, der König und sein Hofstaat waren zugegen, Trophäen wurden zur Schau gestellt, patriotische Reden gehalten – und dann geschah erst einmal nichts.

Ehe die Sache Gestalt annehmen konnte, kamen der nächste Krieg und der nächste Sieg: 1866 im Deutschen Krieg gegen Österreich. Dafür reichte ein Obelisk nicht aus. Bis zu einem Dom gingen die Vorstellungen. Aber es gelang, sich zu einigen: auf eine Säule mit einer Viktoria.

Allerdings folgten dieser Einigung keine Taten, bis ein weiterer Krieg mit Sieg, dem letzten seither, die Angelegenheit wirklich dringlich machte: 1870/71 war Frankreich geschlagen worden. Nun endlich konnte die Idee zu Stein werden, am 2. September 1873, dem zweiten Jahrestag der Schlacht von Sedan, wurde das Werk mit großem Pomp eingeweiht.

Die Bronzereliefs auf dem Sockel zeigen Schlachten der drei Kriege sowie den Einzug der siegreichen Truppen 1871 in Berlin. Auf letzterem Relief, an der Nordseite, ist übrigens links in der Ecke das Brandenburger Tor zu sehen. Die Säule ist mit vergoldeten Kanonenrohren aus den drei Kriegen verziert, ganz oben schwebt Viktoria. Sie ist, anders als die Kollegin vom Brandenburger Tor, von Kopf bis Fuß vergoldet; der Geschmack hatte sich eben gewandelt, nicht unbedingt zum Besseren.

Zu Füßen der Viktoria auf ihrer Säule tat sich 1884 eine neue gewaltige Baustelle auf: Der Reichstag des Deutschen Reiches sollte endlich eine angemessene Bleibe finden. Er tagte sehr provisorisch in der Leipziger Straße 4. Ein angemessener Platz für den Neubau war bald gefunden, der Ankauf der Grundstücke zog sich jedoch in die Länge und erforderte über zehn Millionen Mark. Der Architekt Paul Wallot gewann den Wettbewerb um das neue Haus. Zehn Jahre lang wurde gebaut, am 7. Dezember 1894 wurde das fertige Werk gefeiert. Der Deutsche Reichstag hatte nun ein eindrucksvolles Haus, aber was drinnen tagte, war nach Meinung des Kaisers und der Kaisertreuen nur eine Schwatzbude. »Reichsaffenhaus« nannte es Willem Zwo. Er betrat das Haus nur zweimal in seinem Leben.

Eröffnet wurde der neugewählte Reichstag nicht in seinen vier Wänden, sondern im Schloß. Wallot wollte die Worte »Dem deutschen Volke« unter den Giebel seines Hauses schreiben lassen, aber das ließ der Kaiser nicht zu. Wer, bitte sehr, war denn der Souverän im Kaiserreich? Es dauerte bis 1916, ehe die revolutionäre Inschrift angebracht wurde.

Der Mantel der Geschichte streifte das Gebäude eigentlich erst, als vom Balkon aus am 9. November 1918 der sozialdemokratische Staatssekretär Philipp Scheidemann die Republik ausrief. Zwar wurde die Verfassung der neuen Republik, weil im revolutionär aufgewühlten Berlin kein unbedrohtes Arbeiten möglich war, in Weimar beraten und verkündet. Aber dann wurde der Reichstag tatsächlich der Ort, an dem Politik entschieden wurde. Bis 1933.

Das Feuer in der Nacht zum 28. Februar 1933: Es gibt Fotos vom Brandenburger Tor und der Quadriga mit den Brandschwaden im Hintergrund, Viktoria als Zeitzeugin. Es war Brandstiftung, kein Zweifel. Linke wurden verhaftet, einige später in Leipzig vors Reichsgericht gestellt, verurteilt, van der Lubbe hingerichtet. Es gab einen unterirdischen Gang vom Reichstag zum Palais des Reichstagspräsidenten, der damals Hermann Göring hieß. Der Zweifel ist bei den meisten ausgeräumt, daß die Nazis selbst das verhaßte Wahrzeichen des »Systems« in Flammen aufgehen ließen.

Im Haus gegenüber, in der Krolloper, versammelte sich der Reichstag noch einige Male, nicht um zu bestimmen, sondern um zu hören, was der Führer bestimmt hatte. Ein Stein, wie eine Grabplatte in die Wiese eingelassen, markiert den Punkt, über dem das Rednerpult in der Krolloper stand. Dort sprach Hitler sechseinhalb Jahre nach dem

Reichstagsbrand seine berühmten Worte: »Seit 4.45 Uhr wird zurückgeschossen.« Der Anfang vom Ende.

Die Siegessäule mußte, weil der Führer es wollte, umziehen. Sie stand den Plänen im Wege, das gigantomanische Zentrum der »Welthauptstadt Germania« zu errichten, ein Plan, über den noch zu reden sein wird. 1938 wurde die Säule von dem Platz entfernt, an dem sie 65 Jahre lang gestanden hatte, und auf den Großen Stern gestellt. Die vergoldete Göttin wurde bei dieser Gelegenheit noch etwas erhöht, die Siegessäule bekam eine weitere, sieben Meter hohe Trommel.

Wie wir wissen, zerrannen die Träume von der »Welthauptstadt«, wie alles andere. Übrig blieben eine zerzauste Siegessäule, ein zerschossenes Brandenburger Tor, ein vollends ruinierter Reichstag – Symbole eines mutwillig herbeigeführten Untergangs.

Verkleidungen
Bühnenbild im Kaiserreich

Auf einem berühmten Foto ist das Brandenburger Tor in prächtiger Verkleidung zu sehen: Girlanden um die Säulen und zwischen ihnen, eine prunkvolle Fahne in der mittleren Durchfahrt, sogar die Pferde der Quadriga und die Göttin im Wagen mit Girlanden behängt. In großen Lettern steht schwarz auf weiß geschrieben:

SEDAN – WELCH EINE WENDUNG
DURCH GOTTES FÜHRUNG.

Ein Zitat aus dem Munde des Kaisers! Aus zwei Kesseln links und rechts der Quadriga lodern dramatisch Flammen in den Nachthimmel.

Oft steht geschrieben, das berühmte Foto sei das älteste vom Brandenburger Tor, aufgenommen am 2. September 1870. Das war der Tag, an dem die französischen Truppen mit ihrem Kaiser Napoleon III., von den Deutschen nach einem Plan Moltkes eingeschlossen, bei Sedan an der Maas kapitulieren mußten. Der »Sedanstag« wurde der höchste nationale Feiertag im neuen Deutschen Reich, es gab schulfrei und es wurde paradiert.

In Wahrheit stammt das Foto vom 25. Jahrestag der Schlacht bei Sedan, also vom 2. September 1895. Es wäre übrigens auch ganz und gar unmöglich gewesen, die dramatische Verkleidung innerhalb von Stunden nach dem Eingang der überraschenden Siegesmeldung anzubringen. Eine andere Frage stellt sich beim Anblick des Fotos vom »Sedan-Tor«: Wozu die Verkleidung?

Das Brandenburger Tor wurde oft verkleidet. Das erste Mal im Jahr 1814 bei der Heimkehr der Quadriga aus Paris. Schinkel entwarf den Halbkreis von zehn Säulen vor dem Tor, symbolisierend die siegreichen Schlachten der Befreiungskriege. Der Brauch bürgerte sich ein. Siegreiche Truppen wurden damit empfangen, zum Beispiel nach Ende des Deutsch-Französischen Kriegs 1871. Ehepartner für das Königs- und (später) Kaiserhaus wurden so begrüßt, Trauerzüge toter Herrscher oder Gemahlinnen verließen die Residenz durch das schwarz verhüllte Tor. Staatsgäste wurden empfangen. In den letzten Jahrzehnten des Kaiserreichs geschah das ganz im wilhelminischen Stil, also mit einem Pomp, der den meisten heute schwülstig vorkommt, aber vielleicht noch immer einige Anhänger fände.

Am 100. Geburtstag der Quadriga drohte ihr die Schmückung des Siegeswagens mit Lorbeerkränzen. Außerdem wollte der Kaiser höchstpersönlich, daß die Basen und Kapitelle der Säulen sowie einige Reliefs des Tors vergoldet würden. Akten und Schriftwechsel deuten darauf hin, daß die zuständigen Beamten mit diplomatisch formulierten Einwänden das Schlimmste verhindern konnten, aber nicht alles.

Unfeierlich zogen 1918 die revolutionären Matrosen durchs Tor, das mit einem schlichten Schild verziert war:

»FRIEDE FREIHEIT«.

Die folgende Weimarer Republik liebte den Pomp weniger, aber ab 1933 mußte das Tor wieder herhalten als Gerüst für Dekorationen. Die Anlässe häuften sich und gingen erst aus, als die Wehrmacht nicht mehr siegte.

Selbst am zerstörten Tor wurden fleißig Schilder angebracht, zum Beispiel beim

»Deutschlandtreffen der Jugend« in der (nunmehrigen) Hauptstadt der DDR.

Die kurioseste Drapierung erfuhr das Tor wohl am 26. Juni 1963. Präsident John F. Kennedy besuchte den Westteil Berlins und wurde, wie alle Staatsgäste, an die Mauer am Brandenburger Tor geführt. Die fünf Durchfahrten des Tors waren mit schwarzen Stoffbahnen verhängt: Sichtblenden, die den Blick nach Ost-Berlin versperrten, hinein in die Straße Unter den Linden, die doch eigentlich zu den nicht sehr zahlreichen gehörte, die die DDR mit einem guten Gefühl hätte vorzeigen können.

In den letzten Jahren blieben dem Tor »Verschönerungen« dieser Art erspart. Welcher Stil im Umgang mit einem derartigen Bauwerk sich künftig durchsetzen wird, ist nicht abzusehen. Der Schwulst des Kaiserreichs dürfte der Vergangenheit angehören, aber bei bestimmten »nationalen« Anlässen werden eifrige Planer wieder die eine oder andere »Verbesserung« des Konzepts von Langhans und Schadow durchzusetzen versuchen.

Schaut man sich die deutschen Bauwerke an, wird man dem Brandenburger Tor besondere Schlichtheit und Klarheit bescheinigen müssen. Wie einer Skulptur aus dem klassischen Griechenland. Einer solchen würde man wohl kaum aus gegebenem Anlaß einen Lorbeerkranz aufsetzen und eine Schärpe umhängen, zum Beispiel: *»2500 Jahre Sieg bei Marathon«*.

Der erste Krieg und der erste Sieg seit 1813: das Tor am 7. Dezember 1864 als Kulisse der Parade nach dem Sieg Preußens und Österreichs gegen Dänemark. Holzstich nach Zeichnung von Mende.

Der zweite Krieg und der zweite Sieg zwei Jahre später: preußische Siegesparade am 20. September 1866 nach dem Sieg gegen Österreich im Deutschen Krieg. Holzstich nach Zeichnung von L. Burger und H. Scherenberg.

Helmuth Graf von Moltke, »Vater« der Siege von 1864 und 1866, am Brandenburger Tor (Holzstich nach Zeichnung von F. Skarbina).

Katholische Kirche.

Linke Seite: »Kriegsschauplatz 1866«: ein patriotisches Würfelspiel. Sieger ist, wer als erster das Brandenburger Tor erreicht.

Das älteste bekannte Foto des Brandenburger Tors: Es entstand 1859 als stereoscopische Daguerreotypie und wurde koloriert.

Die »Lindenrolle«: Berlin in der Dose. Die Häuserzeilen der Prachtstraße »Unter den Linden« lassen sich rechts und links herausziehen, fast vier Meter für jede Straßenseite. Das kleine Kunstwerk entstand vor 1821.

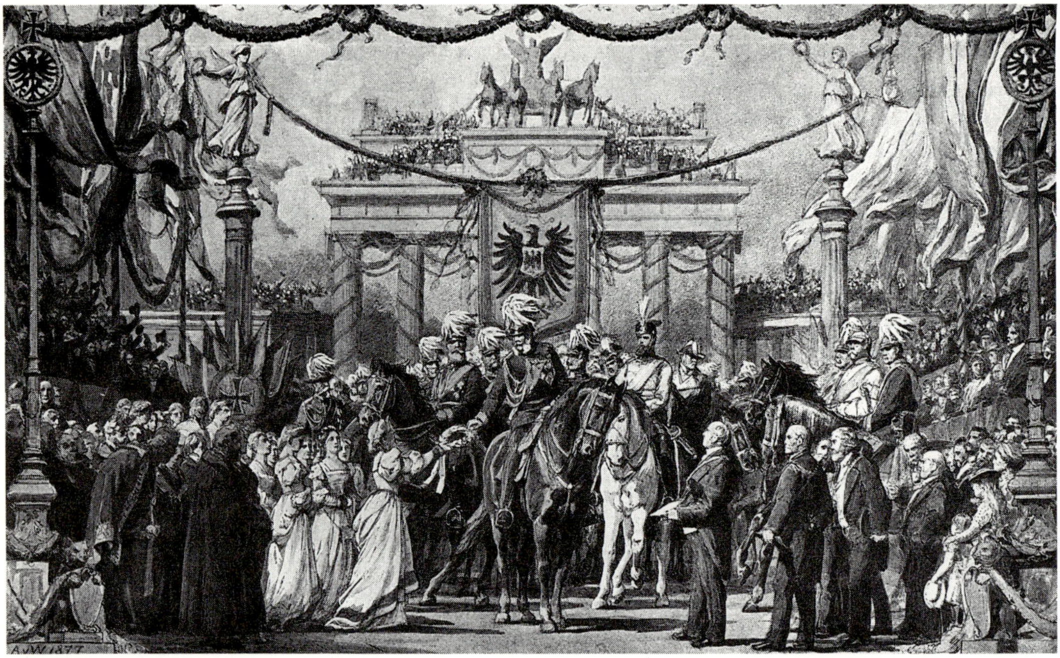

Linke Seite: Deutschland hat (wieder) einen Kaiser: Nach dem Krieg gegen Frankreich und der Reichsgründung in Versailles zieht am 16. Juni 1871 Wilhelm I. durchs Brandenburger Tor in seine Hauptstadt. Gemälde von Anton v. Werner (1877), darunter Zeichnung von G. Rechlin Sohn (1871).

Fahnen, Girlanden, Flammen, Raketen: Was technisch möglich ist, wird aufgeboten für das »Triumphfest« zur Reichsgründung am Abend desselben 16. Juni. Holzstich nach Zeichnung von E. Wilberg.

Zu den bekanntesten Gemälden des Pariser Platzes gehört dieses von Johann Phillip Eduard Gärtner aus dem Jahr 1846. Die barocke Bebauung des 18. Jahrhunderts ist einer klassizistischen gewichen, die im wesentlichen bis zur weitgehenden Zerstörung im Zweiten Weltkrieg steht.

Lorbeer für den Kaiser: eine Allegorie auf den Gründer des Deutschen Reichs, Kaiser Wilhelm I. Photogravure von Hanfstaengl nach einem Gemälde von Ferdinand Keller.

»Preußischer Pomp für K. u. K.«: Der junge Kaiser Wilhelm II. läßt seinem Wiener Gast Franz Joseph diesen Triumphbogen bauen.

Der erste Kaiser ist tot. Am 16. März 1888 führt der Trauerzug für Wilhelm I. durch das Tor. »Vale senex imperator« – Lebe wohl, greiser Kaiser!

1884 erhält Berlin seine Technische Hochschule. Der Festzug zur Einweihung führt durchs Brandenburger Tor – wo sonst? Holzstich nach einer Skizze von G. Koch, 1884.

L. Ury

Der Expressionist Ernst Ludwig Kirchner malt das Tor 1929. Nicht nur der Stil der Malerei hat sich verändert, auch der Straßenverkehr.

Linke Seite: Während des Ersten Weltkriegs malt Lesser Ury das Tor und den Pariser Platz in impressionistischer Art. Noch beherrschen Pferdedroschken das Bild.

Eine frühe Luftaufnahme der »guten Stube« Berlins um 1900: der Pariser Platz mit den »Linden«. Die Straßenbahnschienen im Vordergrund verlaufen ungefähr dort, wo sechs Jahrzehnte später die Mauer stehen sollte.

Rechte Seite: Der Umbau von 1868: Neu sind die offenen Säulenhallen rechts und links anstelle geschlossener Anbauten.

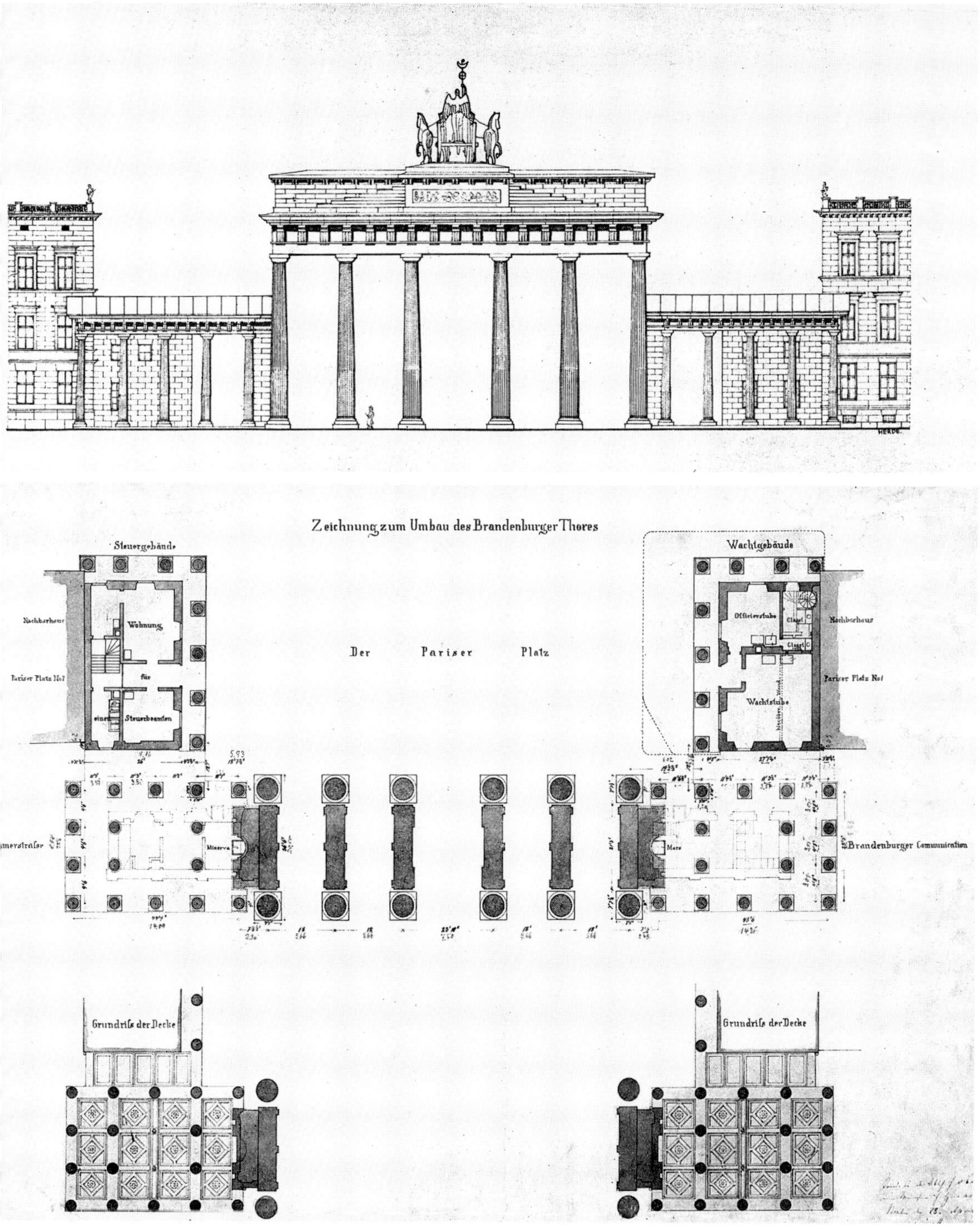
Zeichnung zum Umbau des Brandenburger Thores
Steuergebäude
Wachtgebäude
Nachbarhaus
Wohnung
für
einen Steuerbeamten
Der Pariser Platz
Officierstube
Wachtstube
Nachbarhaus
Pariser Platz No1
Minerva
Mars
Brandenburger Communication
Grundriß der Decke
Grundriß der Decke

Der »Empfangssalon« des Deutschen Reichs: 1901 wird mit vergleichsweise wenig Pomp Königin Wilhelmina der Niederlande begrüßt. 1905 wird die Braut für den Kronprinzen eingeholt: Cecilie von Mecklenburg-Schwerin. Wilhelm sollte die Thronfolge nicht mehr antreten.

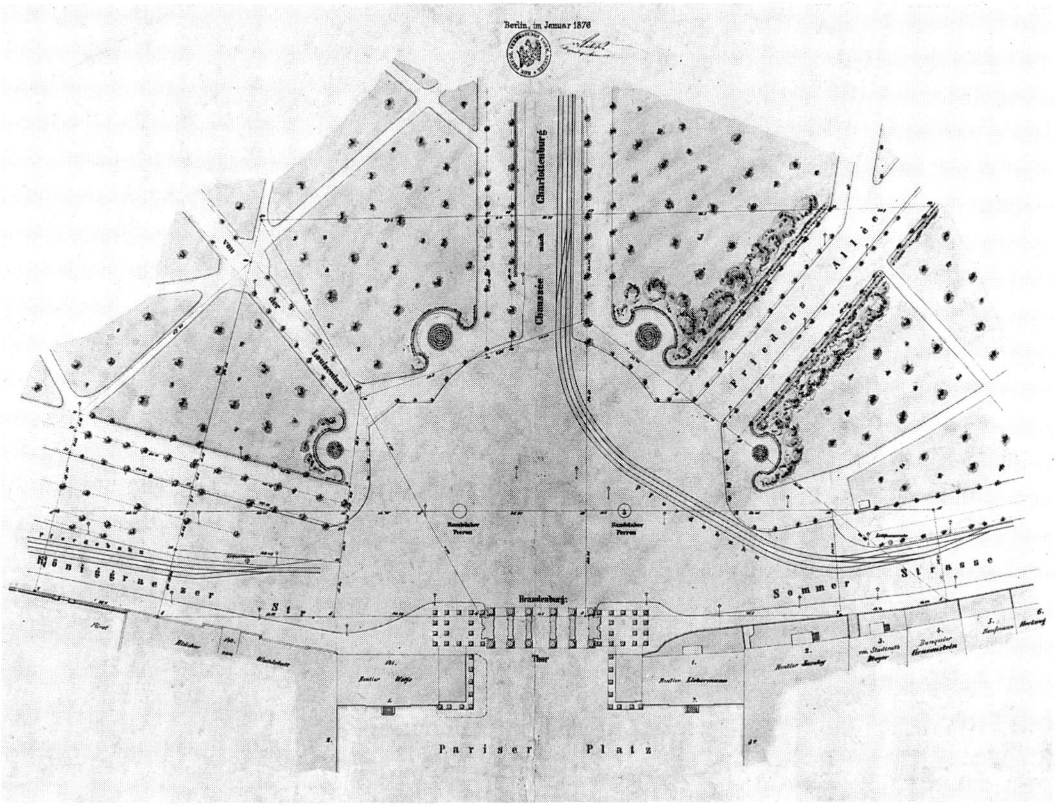

»Situations-Plan von dem Platz vor dem Brandenburger-Thor« aus dem Jahr 1876.

Luftaufnahme aus dem Zeppelin: die Nachbarn des Brandenburger Tors, Reichstag und Siegessäule, letztere an ihrem ursprünglichen Platz. Links im »Spreebogen« Botschaftsgebäude und großbürgerliche Häuser, fast alle im Zweiten Weltkrieg zerstört.

Seite 98 unten: Das 1884 bis 1894 von Paul Wallot erbaute Reichstagsgebäude mit dem 1901 enthüllten Bismarck-Denkmal; oben ein Foto um 1930.
Rechts der Königsplatz mit Siegessäule und Bismarck-Denkmal, um 1910.

25. Jahrestag der Schlacht bei Sedan: Am 2. September 1895 ist das Tor geschmückt. Das Foto wird oft fälschlich auf 1870 datiert.

Das Adlon
Ein legendäres Hotel

»Die wunderbare Welt des Adlon! Es hat kaum einen König oder hohen Prinzen gegeben, der nicht irgendwann einmal in ihr zu Gast war. Die Fürsten der internationalen Finanz waren in ihr wie zu Hause. Die Diplomaten und Staatsmänner aller Sprachen und Schattierungen machten das Adlon zu ihrem Hauptquartier, wenn ihr Weg sie über Berlin führte. Sie kamen aus aller Herren Ländern, die legendären Maharadschas und die angehimmelten Künstler, und das Adlon war der Platz, an dem sie sich trafen.« So schreibt Hedda Adlon nach dem Zweiten Weltkrieg.

Das Adlon. Es hieß nicht: das Hotel Adlon. Denn ein wirklich berühmtes Hotel kommt ohne den Gattungsbegriff aus. Das Adlon. Fertig.

Es war Berlins berühmtestes Hotel. Doch es bestand nicht einmal 38 Jahre lang – wenn man von dem Torso, der Halbruine absieht, in der man lange Jahre nach 1945 immer noch ein Bett zum Übernachten bekommen konnte.

Kaiser Wilhelm II. höchstpersönlich hatte den Wunsch gehabt, in seiner Hauptstadt ein Hotel zu sehen, das es mit den berühmtesten Häusern der Welt aufnehmen könne. Das man seinen gekrönten Kollegen als Bleibe empfehlen könne. Die Überlieferungen widersprechen sich, ob der Kaiser dem Adlon diesen Floh ins Ohr gesetzt hatte oder umgekehrt. Lorenz Adlon, ein alter Bekannter aus Wilhelms Kronprinzentagen, war ein erfolgreicher Berliner Gastronom und betrieb seinerzeit die »Zooterrassen«, die nichts mit der Fütterung gemein hatten, die Besuchern späterhin im Berliner Zoo angeboten wurde. Der Kaiser höchstselbst sorgte für Kredite, das Hotel soll fünfzehn Millionen Goldmark gekostet haben, andere Quellen wollen von über zwanzig wissen.

Wohin mit diesem Schmuckstück? An den schönsten Platz der Hauptstadt. Unter den Linden Nr. 1, an der Ecke des Pariser Platzes, stand das Redernsche Palais zum Verkauf, denn Graf Redern, mißratener Nachkomme des königlichen Hofopernintendanten, hatte sich beim Glücksspiel ruiniert. Schinkel, immerhin, hatte das Palais gebaut, und gegen den Abriß rührte sich öffentlicher Protest, der damals noch nicht Bürgerinitiative hieß. Aber was war ein Schinkel-Bau angesichts eines allerhöchsten Willens? Die Birne nahm sich der Sache an. Adlon hätte gern auch das benachbarte Hotel Bristol gekauft und abreißen lassen, aber das gelang nicht. So hatte das Adlon einen Nachteil hinzunehmen: Es war in die Tiefe des Grundstücks gebaut und hatte nur wenige Zimmer zum Pariser Platz hin, die teuersten natürlich.

1906 wurde der Bau begonnen. Bekannte Künstler wie Adolph von Menzel oder Reinhold Begas schmückten Räume aus. Der Kaiser, erinnert sich Hedda Adlon, nahm so großen Anteil, daß er nur von »seinem« Hotel sprach und partout als erster Gast das fertige Haus betreten wollte. Am 23. Oktober 1907 fuhr er mit Gefolge vor, Adlon empfing ihn feierlich und geleitete ihn über die Schwelle. Der Kaiser soll ergriffen gewesen sein. Er bewunderte alles, auch die Büste, die ihn selbst als römischen Imperator darstellte, und ließ seinen Hofmarschall, den Grafen Zedlitz-Trützschler, mehrmals wissen, daß Vergleiche zwischen dem Adlon und dem kaiserlichen Schloß nicht zugunsten des letzteren ausfielen.

»Der Kaiser«, schreibt Hedda Adlon, »schritt in die große Empfangshalle. Auch dort blieb er überwältigt stehen.

›Was sind denn das für Teppiche, Adlon‹, fragte er. ›Die sind ja wunderbar, einfach fabelhaft! Wo haben Sie denn die her?‹

›Ich habe sie in Konstantinopel gekauft‹, erwiderte Lorenz Adlon.

›Und was haben sie gekostet?‹ wollte der Kaiser wissen.

Lorenz Adlon nannte den Preis.

›Trützschler‹, rief da der Kaiser, ›haben Sie das gehört? Sie haben mir einmal zwei Teppiche in Potsdam aufgehalst, die waren ja gegenüber diesen Teppichen richtige Lappen, und außerdem haben sie das Doppelte gekostet.‹

Seit dieser Stunde wußte Lorenz Adlon, daß er einen Feind mehr auf der Welt hatte. Er hat später oft erzählt, er habe das Gesicht, das der Hofmarschall in diesem Augenblick zog, niemals in seinem ganzen Leben vergessen können.«

Die Berliner Presse jubelte im Stil der Zeit – und griff derselben weit voraus:

»In dem grünen Empiresaal mit den vielen Spiegeln, den man sich unbedingt im Licht einer bunten Uniform-Gesellschaft vorstellen muß, wird man vielleicht eine Neueinteilung Europas unterzeichnen, in dem weiten Saal mit dem prächtigen Tiepolobild werden die Geld- und Industriegeneräle das wirtschaftliche Schicksal des Deutschen Reiches bestimmen, in dem Raffaelsaal, der mit Wandbildern und Ornamenten in der Art der raffaelischen Grotesken geschmückt ist, werden die Kunsthistoriker tagen, und in dem Goethegarten, in dem Blumenhof des Hotels, dem eine Büste des alten Goethe wohl ansteht, wird man über das Schicksal der deutschen Literatur abstimmen.«

Die Neueinteilung Europas wurde 38 Jahre später einige Kilometer entfernt beschlossen und unterzeichnet, im Schloß Cecilienhof zu Potsdam. Das Adlon lag da schon in Schutt und Asche.

Das Hotel hatte zunächst den Krieg und die Kapitulation überstanden, was an ein Wunder grenzte mitten im Berliner Inferno des April 1945. Aber ... Noch einmal Hedda Adlon:

»Das Adlon überlebte das Wunder, das ihm widerfahren war, nur um wenige Tage. Berlin hatte kapituliert, es wurde nicht mehr in den Straßen gekämpft, die Waffen schwiegen. Da schlug plötzlich Feuer durch das Haus, vom Keller bis hinauf unter das Dach drängten sich die Flammen empor. Säulen und Pfeiler, ganze Stockwerke zerbrachen unter ihrer Gewalt wie Teile eines Spielzeugkastens. In einer halben Stunde war alles vorüber, ein schneller, hoffentlich schmerzloser Tod.«

Mitten in den Kämpfen

Kriegsende, Revolution, Putschversuche

Der 9. November ist in diesem Jahrhundert ein sehr deutsches Datum: Der Fall der Mauer 1989, die Reichspogromnacht 1938, der Marsch auf die Feldherrnhalle 1923 und 1918 dankte Wilhelm II. ab. Das Kaiserreich war beendet, der Erste Weltkrieg, in den die Deutschen 1914 so froh fürs Vaterland gezogen waren, verloren.

Die ehemalige »Kaiserstadt« zwischen Tor und Stadtschloß wurde Schauplatz der revolutionären Ereignisse, der Sturzgeburt einer Republik, die an jenem 9. November auch noch von Karl Liebknecht als »freie sozialistische Republik« ausgerufen wurde. Zum ersten Mal wehte vom Brandenburger Tor die rote Fahne. Schon einen Tag später, am 10. November 1918, wurde das Tor vorsorglich von regierungstreuen Truppen besetzt und diente das erste Mal in seiner Geschichte als Barrikade. In der Stadt wurde gekämpft. Am 20. November führte der letzte Weg der Opfer durch das Tor. An diesem Tag war es die Trophäe der Viktoria, die für diesen Trauerzug mit einer roten Fahne geschmückt worden war.

In den folgenden Wochen und Monaten lag in Berlin die Macht buchstäblich auf der Straße. Mit dem Kriegsende war auch die alte Ordnung in sich zusammengebrochen, und die Menschen warteten auf etwas Neues oder kämpften und demonstrierten dafür, je nach Temperament und Überzeugung. Es war die Zeit der Radikalen von rechts und links, die auch durch das Tor zogen, sich mit Andersdenkenden Straßenkämpfe lieferten und ihren Zukunftsentwurf für den allein seligmachenden hielten. Dazwischen und dabei die heimkehrenden Soldaten des Weltkrieges: Die große Siegesparade, wie sie ihre Großväter 1871 erlebt hatten, fiel aus. Es gab wenig zu feiern im kriegsmüden Deutschland. Nur Truppen des Gardekorps marschierten am 10. Dezember mit klingendem Spiel durch ein mit Girlanden sparsam geschmücktes Tor. Durch die mittlere Durchfahrt, die bis zu diesen Tagen dem Herrscherhaus reserviert gewesen war.

Die Reichshauptstadt war in jener Zeit ein Magnet für heimatlose Soldaten und Zivilisten ohne Zukunft. Das Gewaltmonopol des Staates war außer Kraft. Wer sich bewaffnen wollte, konnte es: in gestürmten Kasernen oder aus Überresten des Feldheeres. Die Polizei hatte sich als ordnender Faktor verabschiedet.

So kam es immer wieder zu bürgerkriegsähnlichen Ausschreitungen, wurden politische Gegner und harmlose Passanten verletzt und getötet. Dabei diente das Tor als Gefechtsstand für die eine oder andere Seite.

Besonders bei den Januarkämpfen 1919, dem sogenannten Spartakusaufstand der Kommunisten, besetzten es Regierungstruppen mehrmals. In einem waren sich rechte und linke Extremisten einig: Wer Berlin hat, hat Deutschland. Und die Kommunisten hatten nach dem Spartakusaufstand ihre erste Schlacht um Deutschland verloren.

Zweiunddreißig Opfer des Aufstandes, unter ihnen Karl Liebknecht, wurden am 25. Januar zu Grabe getragen. Ihr Trauerzug durfte das Tor nicht passieren. Etwa 100

Männer versuchten daraufhin, wenigstens mit Kränzen das Brandenburger Tor zu passieren. Eine Postenkette der Regierungssoldaten wies sie ab.

Abschließender Höhepunkt des Bürgerkriegs wurde der Kapp-Putsch im März 1920. In der Nacht vom 12. zum 13. marschierten die Brigade Ehrhardt und andere Freikorps auf Berlin. Am Tor versuchten die Regierungstruppen noch, die Putschisten mit Drahtverhauen und Maschinengewehren zu stoppen. Doch der Reichswehr-Kommandeur entschloß sich zum Befehl: »Truppe schießt nicht auf Truppe«. Blut floß dann trotzdem an vielen Orten in der Stadt und nach dem gescheiterten Putsch auch am Tor: Beim Auszug feuerten die Kapp-Truppen in die Menge, ließen Tote und Verletzte zurück.

Ein großer Nachbar
Der Maler Max Liebermann

Das Zitat ist berühmt, aber ob es so oder so ähnlich oder überhaupt gefallen ist, läßt sich nicht beweisen: »So ville kann ick jarnich fressen, wie ick kotzen möchte!«

Fest steht jedenfalls, wer es wann und wo und warum gesagt hat oder gesagt haben soll: der Berliner Maler Max Liebermann am Fenster seines Hauses unmittelbar neben dem Brandenburger Tor am 30. Januar 1933 beim Fackelzug der SA zur Machtergreifung Hitlers.

Die da im Bewußtsein ihrer neuen Macht vor ihrem Führer paradierten, hatten sich unter anderem vorgenommen, solche wie Liebermann auszurotten. Er war nämlich Jude. Da er aber national und international berühmt war, ließ man ihn in Ruhe, zumal er schon 85 Jahre alt war. Der hochgeachtete Künstler, Ehrendoktor der Berliner Universität, Ehrenbürger von Berlin, trat aus der Preußischen Akademie der Künste aus, deren Präsident er von 1920 bis 1932 gewesen war.

Ob Liebermann der berühmteste Anwohner des Pariser Platzes war? Oder Marschall Blücher? Bettina von Arnim? Giacomo Meyerbeer? Liebermann war wohl *der* Nachbar des Brandenburger Tors. Auf die Frage nach seiner Adresse antwortete er gern: »Wenn man nach Berlin reinkommt, gleich links.«

Noch im 18. Jahrhundert wäre Liebermann gar nicht durchs Brandenburger Tor gekommen. Für Juden gab es damals einen anderen Eingang nach Berlin: das Rosenthaler Tor im Norden, nicht weit vom alten Judenviertel und dem ältesten jüdischen Friedhof Berlins. Die Zeiten hatten sich geändert, Preußen galt als ein Hort religiöser Toleranz. Relativer Toleranz zumindest. Warum das konservative Bürgertum seinem Kaiser Wilhelm II. in der Ablehnung eines Künstlers wie Liebermann folgte, ist nicht schwer zu erklären. Er war »der Jude«. Und sie verabscheuten seine Kunst.

Im Urteil der Kritiker war und ist Liebermann der größte deutsche Maler auf der Schwelle vom 19. zum 20. Jahrhundert. Seine naturalistische Darstellung arbeitender und armer Menschen war neu und bahnbrechend, wenn auch viele zwischen dieser Kunst und dem großbürgerlichen Lebensstil des Malers eine Diskrepanz spürten. Für den Kaiser und seine begeisterten Untertanen, vereint in der Vorliebe für schwülstigen Kitsch, war Liebermanns Malerei »Rinnsteinkunst«.

Liebermanns Familie war aus Westpreußen zugezogen und hatte in Berlin eine geradezu klassische Fabrikanten-Karriere gemacht. Der Vater Louis Liebermann konnte es sich 1859 – sein Sohn Max war gerade zwölf Jahre alt – leisten, das Haus Pariser Platz Nr. 7 zu kaufen, das unmittelbar nördlich ans Brandenburger Tor grenzte. Max wuchs dort auf, bis er Student wurde und als Maler – völlig aus der Art schlagend! – in die Welt zog. Als der Vater 1884 starb, wollte Max hier nicht nur wohnen, sondern auch sein Atelier einrichten. Ein Atelier – das bedeutet vor allem, im Obergeschoß ein Glasdach einbauen zu lassen, um das Tageslicht aus Norden zum Malen zu haben.

Die Auseinandersetzung mit den Behörden um dieses Glasdach ist ein Trauerspiel oder vielleicht auch eine Komödie. Bis zum Kaiser höchstpersönlich wurde der Vorgang getragen. Wilhelm, den Liebermann gern »Wilhelm den Letzten« nannte, hatte das verhaßte Haus schon erwerben wollen, um es abreißen zu lassen. Vergeblich. Nun beschied der Kaiser, die Verschandelung mit einem Atelierfenster habe zu unterbleiben. Da er sich damit eine Entscheidung angemaßt hatte, die ihm rechtlich nicht zustand, durfte der allerhöchste Widerwille nicht öffentlich werden. Erst im Jahr 1898 (!) war der Rechtsstreit um das Atelier entschieden – zugunsten Max Liebermanns. So wie der Müller von Sanssouci hatte der Bürger Liebermann sein Recht bekommen, aber wie viele Bilder hätte er in dieser Zeit in seinem eigenen Haus malen können!

Liebermann war Berliner mit Leib und Seele und pflegte sein Berlinertum. »Sein harter betonter Berliner Jargon war wohl geeignet, um Witze zu erzählen, wenn er aber ... ein gewöhnliches Gespräch führte, so störte er.« So empfand es eine junge Schauspielerin, die ihm zu einem Gemälde der Dalila Modell saß: Tilla Durieux. In ihren Lebenserinnerungen schreibt sie:

»Liebermanns Haus am Pariser Platz, das anschließend an das Brandenburger Tor die Linden vom Tiergarten abschloß, betrat ich mit Herzklopfen und fand ein wahres Museum. Zum ersten Mal in meinem Leben sah ich ein solches Interieur, und mein Blick konnte sich kaum losreißen von den schönen, alten Möbeln, den Kunstwerken, die herumstanden, und den herrlichen Bildern, die an der Wand hingen. Im Atelier blieb ich zuerst eine Weile mit offenem Mund stehen. Ich hatte nie geahnt, daß ein Privatmann diese Fülle von Impressionisten besitzen konnte, darunter das berühmte ›Bund Spargel‹ von Manet. Er führte mich nun zu einem Divan, auf dem ich knien mußte. Mein Kopf sollte einem üppigen, rotblonden Frauenkörper aufgesetzt werden. Ich fand die Idee nicht ganz glücklich ... Da meine freie Zeit sehr beschränkt war, dauerten die wenigen Sitzungen sehr lange, und so wurde ich einige Male aufgefordert, zum Frühstück zu bleiben, wobei ich die schöne Hausfrau und die reizende Tochter kennenlernte. Auch Frau Liebermann entstammte einer alten angesehenen Berliner Familie. Sie kam mir mit betonter Liebenswürdigkeit entgegen, die mit soviel Herablassung getränkt war, daß ich am liebsten gleich fortgelaufen wäre. Ich hatte die Empfindung, man warte nur auf den Augenblick, wo diese ›vom Theater‹ und Frau eines armen Malers das Messer in den Mund stekken und sich mit der Gabel den Kopf kratzen würde, was mich aber nicht hinderte, die wundervoll garnierten Speisen in den silbernen Schüsseln aufmerksam zu beäugen, etwa die Art, wie serviert wurde, wie der Tisch gedeckt war, und ich wünschte sehnlichst, einmal an einem eigenen gleich gepflegten und geschmückten Tisch sitzen zu können ... Ich war froh und glücklich, als die Sitzungen ein Ende nahmen, und ich als Dank für die Sitzungen ein Bild des Malers, eine Studie der Judengasse in Amsterdam, in Empfang nehmen durfte.«

Eine zweite Beschreibung gibt vor allem einen Eindruck vom Haus Pariser Platz Nr. 7, sie wurde einige Jahrzehnte später verfaßt, vom Liebermann-Biografen Hans Ostwald 1930:

»Liebermann wohnt an einem der schönsten Punkte von Berlin, am Pariser Platz. Von seinem Arbeitszimmer aus blickt er hinab auf den Platz vor dem Brandenburger Tor und in den waldartigen Tiergarten hinein. Vom Nebenzimmer aus kann er die ›Linden‹ entlang sehen bis zum Schloß und zum Rathausturm, der dahinter aus dem Großstadtdunst aufragt.

Es ist ein altes, einfaches Haus, in dem der Künstler wohnt, noch im gediegenen Schinkelstil erbaut. Eine mäßig breite Wendeltreppe führt empor in den zweiten Stock, wo sie endet und wo neben dem Eingang Originalzeichnungen von Menzel und anderen bedeutenden Künstlern hängen. Im kleinen Vorraum legt man Hut und Mantel ab und wird dann von dem älteren, schwarzgekleideten Mädchen durch mehrere mittelgroße, wohlhabend, aber nicht üppig ausgestattete, mit Bildern von Manet und Degas, mit Werken von Liebermann selbst und von andern Malern ausgeschmückte Zimmer geführt in sein Arbeitszimmer: ein behagliches Herrenzimmer mit wenigen, dunklen Möbeln, einigen hochlehnigen Sesseln neben einem Kamin und farbenfreudigen, aufeinander abgestimmten Teppichen. Nirgends tritt irgendeine künstlerische Arroganz zu Tage.
Es ist der Schreib- und Bibliotheksraum eines wohlhabenden und gebildeten Mannes. Der Bibliotheksschrank ist nicht groß, enthält aber nur ausgewählte Werke: Goethe, Kant, Schiller, Dehmel und solche modernen und älteren Schriftsteller, die nicht zu den ›Unterhaltenden‹ gezählt werden ...
Außerdem ist noch ein Bücherbord vorhanden, in dem Werke über Kunst – die meisten über Max Liebermann selbst – stecken.
Dazu einige Mappenwerke und die großen Ehren-Urkunden.

Über dem Kamin hängt das große Doppelporträt seiner Eltern, das er zu ihrer goldenen Hochzeit gemalt hat. Auf dem Diwan liegt, wenn Liebermann in diesem Zimmer ist, sein Dackel ...

Vom Arbeitszimmer führt eine schmale Wendeltreppe nach oben. Beim dämmerigen Licht leuchten einige helle Studienblätter und Farbskizzen an dem oberen Teil der Treppenwand auf.

Das Atelier: Ein hoher, fast kahler Raum. Auf der einen Seite nach dem Tiergarten zu von einem Glasdach überwölbt. Im Atelier nirgends die sonst beliebte Atelierausschmükkung: Rüstungen, Waffen, Negermasken oder sonstige exotische Sammelergebnisse. Nur einige Sessel an der Wand unter der Glaswölbung, einige kleine Tische für Rauchzeug und Pinselkrug, ein größerer Arbeitstisch mit Stapeln von Zeichnungen und Skizzenbüchern und in einem Winkel ein Gestell mit Mappen und Blättern: *ein Arbeitsraum*!«
Liebermann starb 1935, und kurz davor sagte er zu einem Freund: »Ich schaue nie mehr aus dem Fenster dieser Zimmer, ich will die neue Welt um mich herum nicht sehen.«

Ein Mann wie er wäre einige Jahre zuvor mit großen Ehren zu Grabe getragen worden. Nun wurde er in aller Heimlichkeit beerdigt, auf dem alten jüdischen Friedhof am Anfang der Schönhauser Allee. Als 1938 der verordnete Terror einsetzte, wurde auch Liebermanns Grab verwüstet. Die es taten, hatten wahrscheinlich nie eines seiner Bilder betrachtet. Seine Gemäldesammlung wurde nach seinem Tod beschlagnahmt, seine Frau aus dem Haus am Pariser Platz geworfen. Seine Tochter emigrierte nach Amerika. 1943, als die Witwe, die nicht von Berlin weg wollte, von der Gestapo abgeholt werden sollte, nahm sie Gift. Das Haus fiel im selben Jahr in Schutt und Asche.

Die Zwanziger
Das Tor in der Republik

Viele Geburtswehen mußte die Weimarer Republik überstehen, bis es sie überhaupt gab. Eine geordnete parlamentarische Demokratie ist sie, genau genommen, nie geworden, dazu blieb ihr viel zu wenig Zeit. Zu schnell war sie zwischen den antidemokratischen Kräften zerrieben. Lediglich für die Zeit zwischen 1924 und 1929 kann man von einer Stabilisierungsphase sprechen, in der es einen wirtschaftlichen Aufschwung gab und die Außenpolitik Gustav Stresemanns Erfolge zeigte: die Jahre zwischen der verheerenden Inflation 1923 und dem »Schwarzen Freitag«, dem Börsenkrach 1929.

Es gab wenig zu feiern für die junge Republik, für festliche Umzüge und Krönungsjubiläen fehlte die Monarchie und für Militärparaden die schimmerndc Wehr. Erst 1928, beim Besuch Aman Ullahs von Afghanistan, fährt wieder ein gekröntes Haupt durch das Tor.

Ansonsten spielte das Tor keine besondere Rolle in den zwanziger Jahren. Nicht einmal für die Staatsbegräbnisse der Weimarer Republik, wie für den ermordeten Außenminister Walter Rathenau, den Reichspräsidenten Friedrich Ebert oder den Reichskanzler Gustav Stresemann, wurde das Tor als Staffage benutzt. Es wurde entweder umgangen oder in seiner klassizistischen Schlichtheit passiert. Die Trauerzüge für Friedrich Ebert und Gustav Stresemann führten durch das Tor. Die Familie Walter Rathenaus verzichtete darauf. Auch für die Staatsbesuche in der Zeit der Weimarer Republik war das verkleidete Tor, wie es noch die Kaiserzeit kannte, passé.

Im Sommer 1926 war es Zeit für »Berlins höchsten Pferdestall«, wie der Volksmund lästerte: Eine Generalrenovierung war nötig geworden. Das Tor wurde mit einem massiven Holzgerüst versehen, das hoch bis zur Quadriga reichte. Der Zustand des Sandsteins machte den Restauratoren Sorgen. Im Laufe seiner Geschichte war das Tor mit Sandsteinsorten der unterschiedlichsten Art renoviert worden.

Auf dem Tor selbst waren noch die Spuren der Revolutionskämpfe zu finden: zahlreiche Patronenhülsen lagen herum, und auf dem Zinkblech des Daches fand sich eingeritzt die Inschrift: »Hier lagen am 19. 3. 20 vier M.-G.-Schützen mit Hunger.« Das Zinkblech war, wie Cullen schreibt, im Ersten Weltkrieg statt des traditionellen Kupferdaches montiert worden, weil Kupfer für die Rüstung gebraucht wurde. Auch dies wurde bei der Renovierung wieder in Ordnung gebracht.

Genau wie die Quadriga, die ihre ersten Einschußlöcher bei den Unruhen davongetragen hatte. Bei der Rekonstruktion der Schußrichtung stellte sich heraus, daß alle Schüsse aus einem Fenster des Reichstages stammten. Der Grund konnte schon damals nicht mehr festgestellt werden.

Ein Prominenter, der in dieser Zeit am Tor für Auflauf sorgte, soll nicht unterschlagen werden: der »Eiserne Gustav«. Vielleicht wäre er längst vergessen, hätte nicht Heinz Rühmann diesen Berliner Droschkenkutscher in einem Spielfilm unsterblich gemacht.

Der Droschkenkutscher Gustav Hartmann wollte sich nicht damit abfinden, daß Taxis immer mehr die Pferdedroschken verdrängten. Darum startete er 1928 zu einer vielbeachteten Fahrt nach Paris und zurück. Die Grabenkämpfe von Deutschen und Franzosen im Ersten Weltkrieg waren erst zehn Jahre her. Um so mehr verstanden die Berliner die völkerverbindende Geste dieser Fahrt. Als der »Eiserne Gustav« mit seiner Kutsche durch das Tor auf den Pariser Platz fuhr, bejubelten ihn Tausende. Das Tor erlebte wieder einmal einen Massenauflauf.

Der Berliner Gastronom und Hotelier Lorenz Adlon, Jugendfreund Kaiser Wilhelms II.

Das »Adlon«, wie es vom Hause Max Liebermanns aus zu sehen war. Eine Aufnahme von 1909, zwei Jahre nach der Eröffnung.

Eine frühe Filmaufnahme von 1905: Das Brandenburger Tor kann den wachsenden Straßenverkehr gerade noch bewältigen.

Staatsgäste vor dem »Adlon«: Hier fahren 1931 die Politiker Aristide Briand und Pierre Laval bei Berlins erster Adresse vor.

Das Tor als Kulisse einer Revolution: »Rote« Soldaten und Matrosen am Ende des Ersten Weltkriegs im November 1918.

Kämpfe am Brandenburger Tor im November 1918, gesehen von einem vergessenen zeitgenössischen Künstler.

Der 9. November – ein Schicksalstag der deutschen Geschichte. 1918 ziehen die revolutionären Matrosen unter Girlanden durchs Tor.

Spartakusaufstand im Januar 1919: Regierungstruppen zu Füßen der Quadriga sichern das Tor gegen die Spartakisten, die sich unter Rosa Luxemburg und Karl Liebknecht zur Kommunistischen Partei formieren.

Linke Seite: Der Sozialdemokrat Friedrich Ebert, am 9. November 1918 zum neuen Reichskanzler ernannt, begrüßt heimkehrende Fronttruppen (oben).

Der Pariser Platz, des Kaisers »gute Stube«, voller Republikaner.

Der Trauerzug für Karl Liebknecht am 25. Januar 1919 darf seinen Weg nicht durchs Brandenburger Tor nehmen.

2. März 1919: Die »Schutztruppen« aus Deutsch-Ostafrika kehren heim. Der gefeierte Held Paul von Lettow-Vorbeck (mit »Südwester«-Hut) reitet händeschüttelnd ein. Er sollte eine Galionsfigur der äußersten Rechten werden.

März 1920: Kapp-Putsch in Berlin: Der Umsturzversuch von rechts scheitert am Ende an der loyalen Haltung der Reichswehr, der Ablehnung der Beamtenschaft und der Parteien sowie dem von links initiierten Generalstreik.

Die zwanzig Bezirke der Reichshauptstadt nach der Vereinigung zu Groß-Berlin im Jahre 1920.

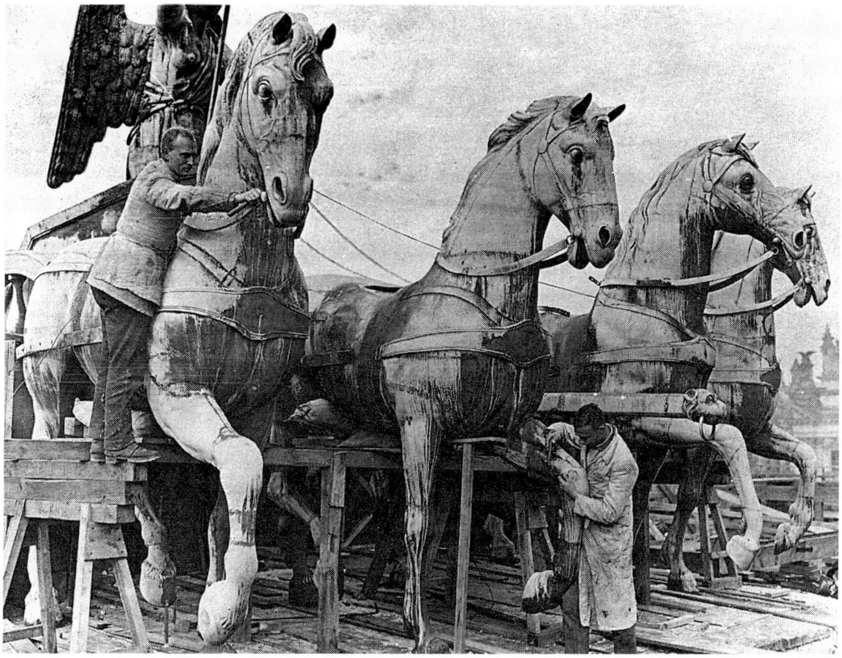

Nach den Wirren des Kriegsendes: Die Quadriga ist reif für eine Restaurierung. 1920 werden Einschußlöcher und Dellen ausgebessert.

Den »höchsten Pferdestall Berlins« nennt der Volksmund das Gerüst um die Quadriga während ihrer Renovierung 1926 bis 1927.

Zwischen den Kriegen: eine Luftaufnahme von 1930. Unmittelbar links neben dem Tor das lange umstrittene Glasdach des Ateliers von Max Liebermann.

Der Meister vor einem Selbstbildnis in seinem Atelier. Über ihm das berühmte Glasdach.

Über achtzig ist Liebermann, als dieses Foto entsteht. Er ist auf dem Höhepunkt seines Ruhms – drei Jahre vor der Machtergreifung der Nazis.

Martha und Max Liebermann in ihrem Haus Pariser Platz 7. Über dem Meister ein Werk seines französischen Kollegen Edouard Manet aus der wertvollen, später von den Nazis beschlagnahmten Sammlung.

Der junge Maler Felix Nußbaum verspottet 1931 mit dem Bild »Der tolle Platz« die Professoren der Akademie der Künste. Ihren Präsidenten Max Liebermann läßt er über seinem – zerstörten – Haus schweben.

Rechte Seite: Das Tor 1948: Conrad Felixmüllers Bild beschreibt einen Torso, mit Einschußloch in der Attika, zerfetzter Quadriga, roter Fahne der Sieger und den Ruinen des Pariser Platzes.

Das Tor, der Schnee,
die Elektrische und
die Erfindung des
Berliner Druckers Litfaß,
die seit 1855 das
Stadtbild belebte.

Auf dem Pariser Platz wird im Frühjahr 1923 die große Propagandafahrt des Berliner Motorradclubs gestartet.

»Friedrich-Ebert-Straße« heißt nach dem Tod des ersten Reichspräsidenten die Straße vom Tor in Richtung Reichstag. Später wird sie in »Hermann-Göring-Straße« umbenannt werden.

Protest gegen die »Benzinkutschen«: Der »eiserne Gustav« mit seiner Pferdedroschke bei der Heimkehr aus Paris 1928.

Der technische Fortschritt ist jedoch nicht aufzuhalten: »Jeder einmal in Berlin« – aber mit Benzin.

Viktoria auf dem Dach
Die Quadriga von Seesen

Bei den Recherchen zu diesem Buch haben wir auch versucht, herauszufinden, wo denn Kopien des Tores oder der Quadriga stehen. Zumindest in einem der vielen »Berlins« in den USA hätten wir sie vermutet, oder in Walt Disney World in Florida, das Wahrzeichen der ganzen Welt ausstellt – Fehlanzeige. Zumindest im Fantasialand in Brühl steht ein verkleinertes Tor.

In Seesen am Harz wurden wir fündig. In der Stadtverwaltung wußte man sofort Bescheid über das Haus am Rande der Stadt, die Villa der Familie Züchner. Inmitten eines Parks steht das ansehnliche Wohnhaus und auf dem Dach die Quadriga. Zwar wesentlich kleiner als das Vorbild, aber unverkennbar eine Nachahmung der Schadowschen Arbeit.

Es ist eine Geschmacksfrage, ob einem eine Quadriga auf dem eigenen Dach gefällt. Darum fragten wir vorsichtig bei Frau Züchner sen. an, die in der Villa wohnt. Sie wird heute noch wütend, wenn sie sich daran erinnert, wie sie, als junge Ehefrau, die Figurengruppe auf das Haus bekam.

Gefertigt wurde die Quadriga Mitte des letzten Jahrhunderts in der Nähe von Seesen. Genau wie das Original wurde sie aus Kupfer getrieben, und ebenso wie das Vorbild hat auch die Kopie in ihrer »Jugend« eine weite Reise unternommen. 1893 reiste sie als Meisterwerk deutscher Handwerkskunst zur Weltausstellung nach Chicago.

Irgendwann vor dem Ersten Weltkrieg hat sie dann der Klempnermeister und spätere Blechwarenfabrikant Fritz Züchner erworben. Es waren »patriotische Zeiten«, und der Firmengründer stiftete zu Beginn des Krieges die Quadriga für ein Siegestor, das die Gemeinde später bauen wollte. Doch der Krieg ging verloren, der Kaiser dankte ab, und die Pläne für das Seesener Siegestor wurden begraben. Da entschloß man sich, auch das »W« aus dem Eichenkranz zu entfernen, das einst zu Ehren Wilhelms I. eingesetzt worden war. Heute trägt die Viktoria ein schmales Eisernes Kreuz, das aber eher an die Windrose der NATO erinnert.

Ein paar Jahre überlegte Fritz Züchner, wo er die Quadriga aufstellen sollte. Als sein Sohn heiratete, hatte er die Lösung: Fritz Züchner der Ältere baute Fritz Züchner dem Jüngeren und seiner Frau die Villa am Rande von Seesen. Und das Dach wurde so konstruiert, daß die Viktoria samt Pferden und Wagen darauf Platz finden konnte.

Die Idee hatte nur einen Haken: Sie gefiel dem jungen Paar nicht. Es wehrte sich entschieden gegen den Plan, und die Quadriga blieb unten – vorerst. Fritz Züchner der Jüngere und seine Frau fanden, daß die Quadriga einfach zu protzig sei, um auf ihrem Dach eine Heimstatt zu finden. Außerdem sei die Villa ihre gemeinsame Wohnung und kein Brandenburger Tor. So fand die Quadriga erst einmal einen ihr völlig unangemessenen Platz: Sie wanderte in den Keller.

Irma und Fritz Züchner hofften, damit das Problem aus der Welt geschafft zu haben. Die beiden hatten aber nicht mit der Hartnäckigkeit des alten Herrn gerechnet. Während

Irma und Fritz Züchner für längere Zeit auf Reisen waren, stieg ihnen die Quadriga aufs Dach. An ihr Entsetzen bei der Heimkehr erinnert sich Frau Züchner noch heute. In den folgenden Jahren überlegten die beiden immer wieder, die Figur herunterzuholen, aber irgendwann hatten sie sich daran gewöhnt. Und so blieb es, wie der alte Züchner es beschlossen hatte.

Auf dem Dach überstand die Quadriga Nazis, die ihr ans Kupfer wollten, die alliierten Soldaten, die in Siegeslaune auf ihr ritten und sich zur Erinnerung fotografieren ließen. Und sie »trabt« weiter – Richtung Berlin.

Das Tor auf Briefmarken
Eine kleine Chronologie

Wie oft ist das Brandenburger Tor auf deutschen Briefmarken abgebildet? Unzählige Male, sollte man denken. Denn ist es nicht eines der berühmtesten Bauwerke im Lande? Gar das berühmteste?

Die Post des Deutschen Reiches von 1871 bis 1945 hat etwa 900 verschiedene Briefmarkenwerte herausgegeben. In den Westzonen und (ab 1949) in der Bundesrepublik Deutschland erschienen seit dem Krieg fast 1500 Werte. In West-Berlin waren es bis 1990 knapp 900. In den Ländern der Sowjetzone und (ab 1949) in der DDR bis 1990 über 3300. Zusammen also seit der Reichsgründung 1871 rund 6600 verschiedene Briefmarkenwerte. Das Brandenburger Tor ist gerade fünfzigmal darauf zu sehen.

Briefmarken gibt es in den deutschen Ländern seit Mitte des neunzehnten Jahrhunderts. Anfangs zeigen sie ausschließlich Herrscherporträts, allegorische Figuren oder Länderwappen. Das erste Bauwerk auf einer deutschen Briefmarke, zum Wert von einer Mark, ist im Jahr 1900 das »Reichspostamt Berlin« an der Leipziger/Ecke Mauerstraße. (Übrigens ist das gleiche Gebäude 1988 auf einer 20-Pfennig-Marke als »Postmuseum der DDR« verewigt.) Erst 1923 werden wieder Bauwerke für würdig befunden, Briefmarken zu zieren: die Wartburg auf einer Marke zu 5000 Mark (!) und der Kölner Dom zu 10 000 Mark. Immer noch beherrschen Köpfe und Wappen die Szene.

Dann aber das Tor: Ab 12. September 1930 gibt es eine »Wohltätigkeits-Sonderausgabe« zur Internationalen Postwertzeichenausstellung IPOSTA in Berlin, einen Block mit vier Marken: das Brandenburger Tor in Rot (15 Reichspfennig plus fünf Pfennig Zuschlag), außerdem Motive aus Aachen, Marienwerder und Würzburg. Um die tausend Mark muß ein Sammler heute für diesen Block hinlegen.

Bauwerke und Landschaften aus ganz Deutschland kommen um diese Zeit auf Marken in Mode. Aber Bauten der Reichshauptstadt Berlin sind durchaus seltene Motive. 1936 sind das Reichsluftfahrtministerium an der Leipziger Straße und die Deutschlandhalle abgebildet, 1940 die neue Reichskanzlei. Und viermal bis Kriegsende das Brandenburger Tor. Auf zwei Werten von 1938 wird an die Machtergreifung der Nazis am 30. Januar 1933 erinnert. Ein Fackelträger, trotz der kalten Jahreszeit mit nacktem Oberkörper, läuft unter der Quadriga hindurch. Fünf Jahre später wird des Zehnjährigen gedacht, mit einem Tor, über dem ein riesiger Reichsadler mit Hakenkreuz schwebt. Zwischendurch, 1941, erinnert eine Tor-Marke an das Pferderennen um den »Großen Preis der Reichshauptstadt«, was trotz des Gespanns der Quadriga etwas unmotiviert wirkt.

Das ist alles bis 1945.

Als 1948 die Postverwaltung der westlichen Bizone eine Dauerserie mit deutschen Bauwerken herausgibt, ist das Brandenburger Tor fünfmal zu sehen, für 20, 24, 30, 50 und 80 Pfennige. (Für dieses Geld konnte man damals wirklich noch etwas verschicken.) Natürlich ist das Tor auf den Marken unzerstört, ohne Kriegsschäden, die zerschossene

Quadriga stolz aufgerichtet. (Sammler von Ansichtspostkarten wissen, daß nach 1945 lange Zeit Fotomotive aus der Zeit vor den Bombenangriffen verwendet wurden.) Im selben Jahr zwei weitere Werte, mit Zuschlag zugunsten der Berlin-Hilfe. Die Bundespost Berlin, von Anfang an mit eigenen Marken, verewigt natürlich das Tor auf ihren verschiedenen Dauerserien ab 1950, zeigt es auch auf einer Sondermarke zum 17. Juni 1953. Aber die Bundespost (West) braucht bis 1966, ehe sie wieder das Tor herausbringt. Und in einer Serie mit Ansichten aller Hauptstädte der Bundesländer steht zum Beispiel für Berlin der benachbarte Reichstag. Auf einer Marke der Bundespost zum 750. Geburtstag Berlins 1987 steht das Tor halb versteckt zwischen anderen Sehenswürdigkeiten der Stadt.

Auf den Briefmarken der Deutschen Demokratischen Republik ist das Tor öfter zu sehen. Das hat wohl damit zu tun, daß es ja immerhin »auf dem Territorium der DDR« stand, aber auch ganz einfach damit, daß deren Deutsche Post über die Jahrzehnte geradezu inflationär Briefmarken herausbrachte, von teilweise sehr zweifelhaftem künstlerischem Wert.

Einige Male ist das Tor als bildfüllendes Motiv zu sehen, ansonsten ist es Kulisse, Staffage, eben Kürzel für »Berlin, Hauptstadt der DDR«. Interessant vor allem ein Zweier-Satz von 1971: das Tor mit dem Schriftzug »13. August 1961–1971«. Und noch einmal, im August 1986: »25 Jahre antifaschistischer Schutzwall«.

Nach dem politischen Ende der DDR gab die »Deutsche Post«, wie sie sich bis zur Wiedervereinigung nannte, noch ein paar eigene Marken heraus, darunter auch eine mit dem Tor. Und die Deutsche Bundespost erinnerte am 9. November 1990 mit einem Block an die Öffnung der Mauer ein Jahr zuvor: das Brandenburger Tor, davor Demonstranten mit schwarz-rot-goldenen Transparenten.

Das Tor ist wieder offen. Sein politischer Symbolwert ist ein historischer geworden. Es wird künftig eher seltener als häufiger abgebildet werden.

Die »Quadriga von Seesen«: Auf der Villa des Dosenfabrikanten Fritz Züchner steht seit den zwanziger Jahren diese Nachbildung.

Brandenburger Thor
Gruss aus Berlin
W. Bayreutherstr. 33.
den 30. Dez. 95.

Gruss aus Berlin
Unter den Linden

Brandenburger Thor.
Gruss aus Berlin
Löwengruppe im Tiergarten
No 18
Den 11. I. 01.

Gruss aus Berlin
Am Brandenburger Thor.
Gnaden-Kirche.
No 1363. FREITAG. DEN 2. FEBRUAR 1900.

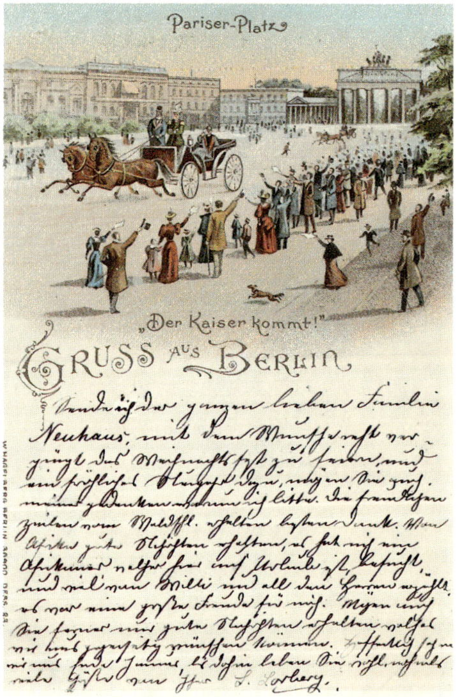
Pariser-Platz
„Der Kaiser kommt!"
Gruss aus Berlin

»Correspondenz-Karten«: Kitsch und Pomp zum Versenden freundlicher Grüße aus der kaiserlichen Hauptstadt um 1900.

Politischer Kitsch? Das Tor aus Tannengrün soll in den fünfziger Jahren an die Teilung Berlins gemahnen.

Das Tor aus 3000 Streichhölzern, 27 cm breit, 24 cm hoch, schenkt ein rheinischer Bastelfreund in den fünfziger Jahren dem Berliner Senat (rechts).

An vielen Stellen der innerdeutschen Grenze die Mahnung »Macht das Tor auf« – kurz bevor es für 28 Jahre geschlossen wird.

Das Tor aus Pappe und Leim: Bastelbogen für kleine und große Kinder.

Deutsches Reich
DEUTSCHES REICH
GROSSER PREIS DER REICHSHAUPTSTADT 1941
54 DEUTSCHES REICH 96
DEUTSCHE POST
DEUTSCHE BUNDESPOST
17. JUNI 1953
DEUTSCHE POST BERLIN 30
BERLIN BRANDENBURGER TOR
HELFT BERLIN!
10+5
DEUTSCHE POST
DEUTSCHE DEMOKRATISCHE REPUBLIK
BRANDENBURGER TOR 1958
750 JAHRE BERLIN
DEUTSCHE BUNDESPOST
DEUTSCHE BUNDESPOST BERLIN
II. KINDER- UND JUGENDSPARTAKIADE
DDR
KOMMUNALER WELTKONGRESS
BERLIN
KAMPFGRUPPEN DER ARBEITERKLASSE
20 JAHRE
DER DDR
DEUTSCHE DEMOKRATISCHE REPUBLIK
NATIONALE VOLKSARMEE
1956-1966
III. WELTFESTSPIELE DER JUGEND U. STUDENTEN FÜR DEN FRIEDEN
WELTFRIEDENSTREFFEN
IN DER HAUPTSTADT DER DDR BERLIN 1969
25 JAHRE ANTIFASCHISTISCHER SCHUTZWALL
13. AUGUST 1961-1971
BRANDENBURGER TOR 1791 · 1991
DEUTSCHE BUNDESPOST
9. NOVEMBER 1989

Linke Seite: Das Tor auf Briefmarken: Eine Auswahl der interessantesten Motive vom Dritten Reich bis zum wiedervereinigten Deutschland.

Aus dem Museum für Deutsche Volkskunde in Berlin: Souvenirs für Spree-Touristen. Neben dem »langen Lulatsch« und dem »hohlen Zahn« ist das Tor, das keinen Spitznamen hat, beliebtes Motiv.

Unterm Hakenkreuz

Machtergreifung, Olympiade, Führergeburtstag

Keine Fernsehdokumentation über die Geschichte des Dritten Reiches kommt ohne diese Szene aus: der Marsch der SA-Kolonnen durch das Brandenburger Tor am Abend des 30. Januar 1933. (Wenn auch dieser Zug wirklich stattgefunden hat: die Filmbilder sind nachgestellt. Da die Originalaufnahmen nicht perfekt gelungen waren, ließ Goebbels im selben Jahr gedrehte Spielfilmszenen für das Original ausgeben.)

Der Fackelzug selbst wurde zum Symbol der Machtergreifung. Und Goebbels, Berliner Gauleiter, der bald darauf Propagandaminister Hitlers wurde, hatte mit dem Tor eine prächtige Kulisse für sein Schauspiel ausgesucht. Er hatte auch dafür gesorgt, daß die Bannmeile um das Regierungsviertel an diesem Abend aufgehoben wurde – eine Sondergenehmigung, die allerdings Gegendemonstrationen verbot. Kein Wunder, daß der Zug von den Passanten am Straßenrand begeistert begrüßt wurde – man war »unter sich«. Doch man war nicht die Mehrheit. Bei den letzten freien Reichstagswahlen im November 1932 hatten 25,9 Prozent der Berliner Wähler für Hitler gestimmt, die SPD wählten nur 23,3 Prozent, 31,0 Prozent gaben ihre Stimme der KPD. Das Reich hatte mit 33,0 Prozent »braun« gewählt, Berlin war noch »rot«.

Die SA zeigte schon in den Stunden nach dem Fackelzug, wie sie mit dem politischen Gegner in Zukunft umgehen wollte: Der auch in den eigenen Reihen so genannte »Mördersturm«, der SA-Sturm 33 aus Charlottenburg, marschierte nach dem Fackelzug auf dem Weg in sein »Sturmlokal« durch die Wallstraße (heute Zillestraße), in der überwiegend Kommunisten lebten. Es kam zu den beabsichtigten Tumulten und einer Schießerei, bei der ein Polizist und der Anführer des Sturms, Hans Maikowski, starben. Maikowski bekam ein Staatsbegräbnis, die Wallstraße seinen Namen. Die Partei hatte einen neuen Märtyrer, und über 50 Bewohner der Wallstraße wurden wegen der Morde angeklagt und zu langen Haftstrafen verurteilt. Sie büßten für eine Tat, die wahrscheinlich ein SA-Mann begangen hatte – im Auftrag der Berliner Parteileitung.

Nur vier Wochen später, in der Nacht zum 28. Februar, ging neben dem Tor die deutsche Demokratie symbolisch in Flammen auf: der Reichstag brannte. Noch in der gleichen Nacht begann eine Verhaftungswelle. Oppositionelle aus dem ganzen Reich verschwanden in Lagern und Gefängnissen und mit ihnen der Rechtsstaat.

Ging die Republik pfleglich mit dem Tor um und verzichtete weitestgehend auf die pompösen Traditionen des Kaiserreiches, so suchten die Nazis sie geradezu. Nicht umsonst eröffnete Hitler den ersten Reichstag des Dritten Reichs am 21. März 1933, einem Datum, an dem Bismarck 1871 den ersten Reichstag des Zweiten Reiches eröffnet hatte. Der Ort: die Garnisonkirche in Potsdam, letzte Ruhestätte Friedrichs des Großen, wo Hindenburg, der greise Feldmarschall und Held des Ersten Weltkriegs, dem »böhmischen Gefreiten« die peinliche und falsche Weihe zukommen ließ, die Tradition des

»alten Preußen« Friedrichs des Großen und Bismarcks fortzusetzen.

Es hatte daher eine innere Logik, daß an jenem Tag auch das Tor als Kulisse für einen Fackelmarsch gewählt wurde. Neben dem Eisernen Kreuz und dem preußischen Adler der Quadriga flatterte die Fahne mit dem Hakenkreuz. Vor den Pferden hing Schwarz-Weiß-Rot, die Fahne des Kaiserreichs. Schwarz-Rot-Gold, die Farben der Republik, hatten ausgedient.

Die Deutschen durften, besonders wenn sie Parteigenossen waren, wieder marschieren – mit Vorliebe durch das Tor stadteinwärts: wenn »alte Kämpfer« der Partei sich in Berlin trafen, zum »Tag der SS« oder 1934, als Hitler Hindenburg als Staatsoberhaupt beerbte.

Die größte Propagandaschau der dreißiger Jahre in Deutschland waren die Olympischen Spiele 1936. Sie waren schon 1930 nach Berlin vergeben worden, aber die Nazis nutzten sie weidlich, um die angebliche Friedfertigkeit ihres Systems vor den Augen der Welt zu demonstrieren.

Schon in den zwanziger Jahren warb das Tor in unterschiedlichster graphischer Gestaltung auf Plakaten und Fremdenführern für die Stadt. So war es nur logisch, daß es auch auf dem offiziellen Olympia-Plakat erschien und zu den Spielen geschmückt wurde: Olympische Ringe und Hakenkreuzfahnen hingen in den fünf Durchfahrten. Der propagandistische Erfolg der Spiele war groß. Peinlich genau hatte die Partei darauf geachtet, daß die ausländischen Besucher nichts vom repressiven System des Dritten Reiches mitbekamen. So waren beispielsweise antisemitische Plakate und Parolen in diesen Wochen aus der Stadt verschwunden. Das Hetzblatt *Der Stürmer* hing nicht mehr in den Schaukästen, verschwunden und für interessierte Ausländer immer »ausverkauft«, wie ein Augenzeuge berichtete. Nach den Spielen wurde der Terror dafür um so schlimmer.

Die 700-Jahr-Feier Berlins 1937 fand dann in vergleichsweise bescheidenem, kommunalem Rahmen statt. Doch der Weg des Festumzuges führte selbstverständlich auch durch das Brandenburger Tor, das wieder einmal mit Fahnen und Girlanden behängt war.

In den folgenden Jahren feierte der NS-Staat am Tor nur noch sich selber: Anläßlich des Mussolini-Besuches 1937 zog der Führer mit dem Duce durch das Tor. Wie seit Kaisers Zeiten nicht mehr war der Pariser Platz zu einer bombastischen *via triumphalis* ausgestaltet. Die Legion Condor, die an Francos Seite die spanische Demokratie niedergekämpft hatte, paradierte 1938 durch das Tor.

Zu Hitlers 50. Geburtstag, am 20. April 1939, zeigte dann die Wehrmacht am Tor ihre neugewonnene Stärke. Bemerkenswert war die Marschrichtung der Parade: Sie zog gegen jede Tradition stadtauswärts. Vier Monate und zehn Tage später marschierte die Wehrmacht gegen Polen.

Speers Pläne

»Welthauptstadt Germania«

Im Jahr 1950, so der Plan, sollte die Umgestaltung der Reichshauptstadt Berlin zur »Welthauptstadt Germania« abgeschlossen sein. Adolf Hitler wollte zur Einweihungsfeier Gäste aus aller Welt einladen, sein Generalbauinspektor für Berlin, Albert Speer, nach getaner Arbeit erstmal eine Weltreise mit seiner Frau machen.

1950 war, wie wir wissen, alles ganz anders. Hitler war längst tot, Speer saß im Kriegsverbrechergefängnis in Spandau, Berlin lag noch zum guten Teil in Trümmern, der gigantische Umbau war in belanglosen Anfängen steckengeblieben. Im Berlin-Museum in der Kreuzberger Lindenstraße steht die Nachbildung eines Holzmodells aus dem Büro Speer. Es zeigt den zentralen Bau dieser Planungen, die riesige Versammlungshalle für 150000 Menschen. Flankiert wird sie von einem kleinen, altmodisch wirkenden Häuschen, dem Reichstag, sowie einem zierlichen Spielzeug, dem Brandenburger Tor.

Man muß sich die Maße der geplanten großen Kuppelhalle am Ostrand des Tiergartens vor Augen halten: ein Grundriß von 315 Metern im Quadrat, ein runder Innenraum von 250 Meter Durchmesser, in 98 Meter Höhe der Beginn der Wölbung der Kuppel, deren Abschluß in 220 Meter Höhe, darauf eine vierzig Meter hohe gläserne Laterne mit einem Adler samt Hakenkreuz. Die Kuppel übrigens grün, in patiniertem Kupfer.

Technisch wäre der Bau kein Problem gewesen, betonte Albert Speer auch später noch. Aber ästhetisch? In seinen »Erinnerungen«, die er während der Haft verfaßte und aus dem Gefängnis herausschmuggelte, beschreibt Speer, wie sein Vater, ebenfalls Architekt, die gigantischen Pläne des gerade dreißigjährigen Sohnes in Berlin besichtigte und lapidar feststellte: »Ihr seid komplett verrückt geworden.«

Speers eigenes Urteil lautete, im nachhinein, ähnlich. Allerdings wies er darauf hin – und viele Architekturhistoriker bestätigen es –, daß dieser Stil staatlicher Repräsentation zwar im Dritten Reich ins Groteske übersteigert war, aber keine ausschließlich deutsche Eigenheit darstellte; nicht nur das faschistische Italien oder die bolschewistische Sowjetunion bauten bombastisch, auch in demokratischen Hauptstädten wie Washington finden sich Beispiele ähnlicher Staatsarchitektur.

Die große Halle war im wahrsten Sinn der Höhepunkt der Umgestaltung Berlins. Die alte Ost-West-Achse vom Schloß nach Charlottenburg sollte wenige Meter westlich des Brandenburger Tors von der neuen, sieben Kilometer langen Nord-Süd-Achse gekreuzt werden, an der Ministerien, Organisationen und Verbände ihre Paläste haben sollten. Störende Straßenzüge und Häuserzeilen, Bahnhöfe und Gleisanlagen sollten verschwinden, im Norden und im Süden je ein neuer Fernbahnhof entstehen. Am südlichen Ende der Prachtstraße war als Gegenpol zur großen Halle ein Triumphbogen vorgesehen, der mit 117 Metern Höhe natürlich den von Paris und alle anderen in den Schatten stellen sollte.

Eine der wenigen konkreten Taten im Zusammenhang mit den großen Plänen war der Umzug der Siegessäule. Auf ihrem angestammten Platz vor dem Reichstag stand sie im Wege, deshalb wanderte sie dorthin, wo sie bis heute steht: auf den Großen Stern im Zuge der Charlottenburger Chaussee und späteren »Straße des 17. Juni«.

Das Reichstagsgebäude, kurz nach der Machtergreifung in Brand gesteckt, wollte Speer, wie er schreibt, im Rahmen der Umbaupläne abtragen lassen. Aber der Führer sei dagegen gewesen. Über die Gründe spekuliert auch Speer nur. Der Reichstag war schließlich ein Symbol der »Systemzeit«, also der den Nazis verhaßten Weimarer Republik. Aber war die Ruine nicht auch, könnte man fragen, ein Symbol des Sieges über diese Zeit? Als Reichstag des neuen Reichs kam das Haus nicht mehr in Frage, es war nach Hitlers Ansicht ohnehin viel zu klein. Es taugte vielleicht für eine Bibliothek, Lesesäle und Abgeordnetenbüros. Die Idee war gar nicht weit entfernt von der Nutzung des Hauses nach dem Zweiten Weltkrieg.

An- und Abmarsch der 150 000 Menschen bei einer Veranstaltung in der Versammlungshalle hätten im weiten Umkreis den Straßenverkehr erstickt. Deswegen wurde ein vierspuriger Tunnel in Ost-West-Richtung geplant und teilweise gebaut. Darüber wird später noch zu reden sein.

Um überhaupt den Verkehr im Zentrum zu bewältigen, entstand schon ab 1934 ein neuer S-Bahn-Tunnel vom Stettiner Bahnhof im Norden der Innenstadt über den Bahnhof Friedrichstraße zum Anhalter Bahnhof im Süden. (Der Plan dazu war, ganz ähnlich wie bei den »Autobahnen des Führers«, viel älter als das Dritte Reich, er datiert aus der Zeit vor dem Ersten Weltkrieg.) Der Tunnelbau machte vor allem durch einen schweren Unfall von sich reden: Am Brandenburger Tor, nur wenige Meter vom südlichen Torhaus entfernt, stürzte am 17. August 1935 die Baugrube ein; neunzehn Arbeiter wurden tot geborgen und mit einer großen Trauerfeier geehrt. Dabei sprach allerdings niemand von der Hetze, in der der Tunnel vorangetrieben wurde, damit der erste Teil pünktlich zu den Olympischen Spielen eröffnet werden konnte. Nach dem Mauerbau von 1961 sollte die S-Bahn-Strecke mitsamt ihren Bahnhöfen stillgelegt werden, um nach der Wende von 1989 aus ihrem Dornröschendasein geweckt zu werden.

Albert Speer beschreibt in seinen »Erinnerungen«, welchen Anteil Adolf Hitler, der »verhinderte Architekt«, an den Planungen für die »Welthauptstadt« nahm. Ganz praktisch sah das so aus: Das Büro Speer erhielt ein neues Domizil im Haus der Akademie der Künste am Pariser Platz 4. Von dort war es nicht weit zu Hitlers Reichskanzlei an der Wilhelmstraße, die ja Speer gebaut hatte.

Speer schreibt: »Am meisten zog Hitler unsere Modellstadt an, die in den ehemaligen Ausstellungsräumen der Akademie der Künste aufgestellt war. Um ungestört dorthin gehen zu können, hatte er durch die Mauern der Ministergärten, die zwischen der Reichskanzlei und unserem Gebäude lagen, Türen brechen und einen verbindenden Weg anlegen lassen ... In leeren Sälen strahlten Scheinwerfer die Modelle an. Ich konnte auf jede Erläuterung verzichten, denn mit leuchtenden Augen erklärte Hitler seinen Begleitern jede Einzelheit ... Wir bekamen einen plastischen Eindruck von den Bauten, die ein Jahrzehnt später Wirklichkeit werden sollten. Etwa dreißig Meter erstreckte sich diese Modellstraße durch die ehemaligen Ausstellungsräume der Berliner Akademie der Künste.«

Das Speersche »Jahrtausendprojekt« kam über vorbereitende Abrisse und torsohafte Tunnelbauten nicht weit hinaus. Der Führer wollte zwar auch nach Kriegsbeginn das Projekt vorantreiben, insbesondere nach seinem Blitzbesuch im bewunderten Paris nach der französischen Kapitulation, aber bald gab es anderes zu tun. Im Februar 1942 wurde Speer als Nachfolger des verunglückten Fritz Todt Reichsminister für Bewaffnung und Munition (ab September 1943 hieß er Reichsminister für Rüstung und Kriegsproduktion). In seinen neuen Funktionen mußte er zunächst nicht groß umziehen, denn das Reichsministerium hatte sich 1940/41 auf der gegenüberliegenden Seite des Pariser Platzes eingenistet, in den Gebäuden der amerikanischen und der französischen Botschaft sowie im ehemaligen Haus Max Liebermanns. Im November 1943 begann jedoch die Zerstörung des Pariser Platzes durch Luftangriffe der Briten, dann auch der Amerikaner.

Albert Speer: Die Geschichtsschreibung lastet ihm an, daß er mit seinem Organisationsgenie den Krieg verlängerte, die unabwendbare Niederlage hinauszögerte und das Sterben vermehrte. Sie respektiert andererseits, daß er sich am Ende unter Lebensgefahr verbrecherischen Zerstörungsbefehlen Hitlers widersetzte und daß er nach dem Krieg als einziger aus der Führung des Dritten Reichs Einsicht zeigte. Als er 1966 aus der Haft entlassen wurde, lag der Pariser Platz unerreichbar für ihn hinter der Mauer.

Im Zweiten Weltkrieg

Gipsabgüsse und Siegesfeiern

Im einhundertzweiundfünfzigsten Lebensjahr wurde die Quadriga kurz und klein geschossen. Fotos vom Mai 1945 zeigen auf dem Brandenburger Tor einen Haufen zerfetzten Kupferblechs an der Stelle, an der die Göttin in ihrem Wagen gestanden hatte. Darüber weht die rote Fahne mit Hammer und Sichel. Von den vier Pferden stehen zwei noch aufrecht, die anderen erinnern an die Wochenschauaufnahmen der Kadaver in den Straßen Berlins, von denen sich Hungrige gierig ein Stück Fleisch absäbeln.

Am 6. Juli 1940, nach dem Blitzsieg über Frankreich, hatte es eine Parade durchs Brandenburger Tor gegeben. Und am »Heldengedenktag«, am 16. März 1941, war der »Waggon von Compiègne« feierlich durchs Tor eingeholt worden. Mit diesem Eisenbahnwagen hatte es ja eine besondere Bewandtnis: Am 11. November 1918 hatten die Deutschen darin den Waffenstillstand unterzeichnen müssen, der ihre Niederlage im Ersten Weltkrieg bedeutete. Nach dem Sieg 1940 hatte Hitler darauf bestanden, daß die Franzosen im selben Waggon im selben Wald von Compiègne nordöstlich von Paris den Waffenstillstand unterzeichneten, diesmal unter umgekehrten Vorzeichen. Aber die Einholung des Waggons gehörte schon zu den letzten pompösen Akten des Krieges, die sich am Brandenburger Tor abspielten.

Im Jahr 1943, als die allerletzten Reserven zusammengekratzt wurden, mußte wieder einmal die Kupferbedeckung des Brandenburger Tors den gleichen Weg gehen wie viele Kirchenglocken und andere »unwichtige« Metallgegenstände: in die Schmelzöfen der Rüstungsindustrie. Die Quadriga durfte bleiben.

Aus nächster Nähe erlebte sie die Agonie des Dritten Reichs mit. Noch am 26. April 1945 landete die strikte und lebenslängliche Hitler-Verehrerin Hanna Reitsch mit ihrem »Fieseler Storch« auf der Ost-West-Achse und rollte vorm Brandenburger Tor aus, um Adolf Hitler aus seiner Reichskanzlei zu befreien und in die »Alpenfestung« zu bringen. Hitler wollte jedoch bleiben. Zwei Tage später startete Frau Reitsch wieder, um zu überleben, während sich ihr Führer am 30. April das Leben nahm.

Wie so mancher Ort des zerfallenden Reichs wurde auch das Brandenburger Tor Schauplatz sinnloser Verteidigungsbemühungen. Fotos zeigen, daß der Volkssturm in letzter Minute die Feinde aufzuhalten versuchte, indem er Möbelwagen in die Durchfahrten schob. Das erwies sich als untauglich gegen die Weltgeschichte.

Unter den vielen Beschreibungen der letzten Kriegstage in Berlin ist die von Cornelius Ryan, in der es unter anderem heißt: »Unter den langsam abziehenden Rauchschwaden erhob sich in makabrer Pracht Deutschlands zertrümmerte Hauptstadt. Ihr Antlitz war von Ruß geschwärzt und durch Tausende von Kratern entstellt ... Wo einst breite Straßen und Alleen gewesen, schlängelten sich jetzt Trampelpfade durch die Trümmerberge und das bizarre Gewirr verbogener Eisenträger. Überall, in kilometerweitem Umkreis, starrten ausgebrannte, fensterlose Häuser in den

Himmel ... In den großen Schluchten aus geborstenem Stein und verbogenem Stahl regte sich nichts außer dem vom Wind aufgewirbelten Staub. Er fegte die breite Allee Unter den Linden hinunter. Die berühmten Bäume waren kahl, die Knospen an den Zweigen verdorrt. Nur wenige der an der Prachtstraße gelegenen Banken, Bibliotheken und eleganten Geschäfte waren unbeschädigt. Im Westen stand immer noch Berlins berühmtes Wahrzeichen: das Brandenburger Tor mit dem Viergespann der Viktoria über seinen zwölf massiven dorischen Säulen.«

Und gegen Ende des Buches das Finale: »Überall in Berlin schlugen jetzt Granaten ein. Im Stadtzentrum züngelten Flammen aus Hausdächern. Zahlreiche von Bomben angeschlagene Gebäude stürzten ein. Autos überschlugen sich und begannen zu brennen. Das Brandenburger Tor wurde getroffen; der Teil eines Simses krachte auf die Straße. Die einstige Prachtstraße Unter den Linden wurde von einem Ende zum anderen von Geschossen aufgewühlt; das bereits schwer mitgenommene Schloß ging in Flammen auf. Ebenso der Reichstag: Die Träger, die einst die Kuppel des Gebäudes gestützt hatten, brachen zusammen.«

Am 2. Mai kapitulierten die Verteidiger Berlins vor der Roten Armee. Das Bild der sowjetischen Soldaten, die auf dem Brandenburger Tor die rote Fahne hissen, ist nicht so berühmt wie das Pendant vom Reichstag; aber als symbolträchtiges Endziel des aufgezwungenen Kriegs war das Tor für die Sowjets nicht weniger wichtig als die Reichstagsruine. (Im übrigen waren die wichtigen Kriegsziele der Roten Armee numeriert und bekamen jeweils nach Eroberung ihre Fahne aufgepflanzt.)

Bekannt wurde der russische Dichter Jewgeni Dolmatowski, der am selben 2. Mai seinen Kameraden zu Füßen des Brandenburger Tors die Kapitulationsmeldung brachte und in diesem großen Augenblick an symbolträchtiger Stelle Gedichte vortrug.
Er schrieb darüber: »Ich las meine Gedichte, las lange, denn von der Siegesallee, von Unter den Linden und aus anderen Straßen kamen immer wieder neue Zuhörer heran. Ganz in der Nähe, im Tiergarten, hörte man deutsche Kommandostimmen: Die kapitulierende deutsche Garnison legte ihre Waffen nieder und stellte sich in Marschkolonnen auf.«

Der mehrfach genannte Historiker Laurenz Demps vertritt in seinem Buch über das Brandenburger Tor die These, es seien deutsche Soldaten gewesen, die in den letzten Tagen und Stunden des Kriegs die Quadriga auf dem Brandenburger Tor zerschossen hätten.

Er schließt es daraus, daß die Treffer – auch der gut sichtbare im Sims des Tores – aus Schüssen resultierten, die von Westen her abgegeben wurden, aus Richtung des Großen Sterns und der Siegessäule, wo sich bis kurz vor Toresschluß eine Flakbatterie der Wehrmacht eingenistet hatte. Ein Leutnant der Batterie habe gesagt: »Diesmal geht die Quadriga nicht auf Reisen nach Moskau, wir zerschießen sie vorher lieber mit dem letzten Schuß.« Diese Geschichte ist gut zu lesen und klingt plausibel, ist aber, wie Demps einräumt, nicht (mehr) beweisbar.

Die Quadriga wäre zu retten gewesen, wenn man sie mit Beginn der Bombardierungen Berlins abgebaut und in Sicherheit gebracht hätte. Aber dieses Symbol deutscher Größe in einem bombensicheren Bunker zu verstecken, wäre dem Eingeständnis gleichgekommen, daß der Reichsmarschall Göring nun Meier genannt werden dürfe; denn so wollte er ja heißen, falls feindliche Bomber die deutschen Grenzen überflögen. Einsichtigen wurde aber bald klar, daß das Brandenburger Tor mit der Quadriga aufgrund des hohen Symbolwerts ein ideales Ziel der gegnerischen Bomber war. Verstecken ließ sich das Bauwerk nicht. Fotos zeigen nur, daß die Straße vor dem Tor mit Tarnnetzen verhängt wurde. Zum Glück für die Nachwelt wurden 1942 Gipsformen der Quadriga angefertigt. An verschiedenen Stellen in Berlin untergebracht, erlaubten sie es Anfang der fünfziger Jahre, die Göttin nebst Wagen und Pferden originalgetreu nachzubilden, anstatt sie mit Hilfe von Zeichnungen und Fotos »nachzuempfinden«.

Eine »neue Zeit« bricht an: Fackelzug der Nationalsozialisten zur Machtergreifung. Die Szene wurde im Sommer 1933 für den Propagandafilm »Hans Westmar« (alias Horst Wessel) nachgestellt.

Das Ende der Demokratie: der Brand des Reichstages am 27. Februar 1933, gesehen vom Brandenburger Tor. Für die Nazis Vorwand, die demokratische Opposition auszuschalten.

Rechtzeitig zu den Spielen soll der S-Bahn-Tunnel am Brandenburger Tor fertig werden – die Eile führt zu einer Katastrophe.

Linke Seite unten: Olympische Ringe und Hakenkreuze: Mit den Spielen von 1936 macht Hitler in aller Welt Punkte. Fliegende Händler profitieren vom Strom der Olympia-Touristen.

Das offizielle Olympia-Plakat in Englisch. Achtundfünfzig Nationen sind in Berlin vertreten.

Auf dem Pariser Platz die aufgehende Sonne Japans und Athleten im Stil der Zeit.

Das Tor in den dreißiger Jahren: Omnibusse und Kraftwagen sind auf dem Pariser Platz längst unter sich.

Zum fünfzigsten Geburtstag des »Führers« am 20. April 1939: Fahnenschmuck und Reichsadler auf Pylonen. Hitler auf der Fahrt zur Parade der Wehrmacht über die Ost-West-Achse.

Dramatische Inszenierung am Abend des Führergeburtstags: Wie zu Kaisers Zeiten ist das Tor fast nur noch »Fahnenhalter«.

»Welthauptstadt Germania«: Albert Speers Modell der geplanten Nord-Süd-Achse. Vorn der neue Südbahnhof, in der Mitte das Triumphtor, hinten die mit 260 Meter Höhe gigantische Versammlungshalle. Wieder einmal soll das Tor freigestellt werden.

Noch siegt die Wehrmacht: Am 18. Juli 1940, nach dem Waffenstillstand mit Frankreich, werden rückkehrende Truppen von der Berliner Bevölkerung und offiziell durch General Fromm, den Oberbefehlshaber des Ersatzheeres, begrüßt (oben). Vor dem Rednerpodium Joseph Goebbels.

Der »Waggon von Compiègne« wird eingeholt. Zwei Niederlagen sind in diesem Eisenbahnwagen besiegelt worden: die deutsche von 1918 und die französische von 1940.

Das Tor im Krieg: Tarnnetze über der Charlottenburger Chaussee sollen den alliierten Bombern die Orientierung nehmen.

Die Quadriga wird im Krieg nicht vom Tor genommen – 1945 weht die rote Fahne über zerschossenem Kupferblech.

Jedes wichtige Eroberungsziel der sowjetischen Truppen wird mit der roten Fahne markiert – das Tor gilt als »das« Ziel.

Der Pariser Platz am Tag der Kapitulation Berlins: Am 2. Mai 1945 sammeln sich verwundete deutsche Soldaten.

Spontane Siegesfeier: »Von der Wolga bis an die Spree« hat sich die Rote Armee durchgekämpft.

Siegesparade der Alliierten auf der Charlottenburger Chaussee. Der Tiergarten ist nach dem Ende der Kämpfe nur noch die Ruine eines Waldes.

»Tor kaputt«
Trümmer, Schwarzmarkt, Grabeland

Die Göttin Viktoria, von Geschossen zerfetzt, mußte also den Jammer zu ihren Füßen nicht ansehen. Nicht die Trümmer der einstmals stolzen »Linden«, nicht den Schwarzmarkt, nicht den Tiergarten: von Bomben und Granaten umgepflügt, der letzten brennbaren Stämme und Stümpfe beraubt, als »Grabeland« einem überlebenswichtigen Zweck zugeführt. Die Sieger veranstalteten Kundgebungen und Paraden, ein großes Stalin-Porträt ver(un)zierte zeitweise das Tor. Auch als am 19. Juli 1945 die Truppen der Westmächte in ihre Berliner Sektoren einzogen, blieb das Brandenburger Tor »russisch«. Denn es stand, wenn auch nur um wenige Meter, östlich der Linie, die bald immer deutlicher als Grenze zwischen zwei Welten erkennbar wurde.

Was tun mit dem Tor? Für manchen Kommunisten war es einfach ein Denkmal des preußisch-deutschen Militarismus. Schade, mochten manche denken, daß die Bomben nicht die Frage beantwortet hatten!

Die Ideologen der ersten Nachkriegsjahre vertraten meistens klare Standpunkte, waren noch nicht die Lavierer von später. »Das Volk« hungerte nach zwölf Jahren Tausendjährigen Reichs eher nach Nicht-Politik, aber die Ulbricht-SED indoktrinierte, mit anderen Vorzeichen als die NSDAP, aber ähnlich gnadenlos. Ihr Geschichtsbild war anfangs klipp und klar: Vom Feudalismus zog sie eine mehr oder weniger gerade Linie über Martin Luther, Friedrich den Zweiten (früher: den Großen), Otto von Bismarck, Kaiser Wilhelm II., Paul von Hindenburg zu Adolf Hitler. Gewisse Differenzierungen erlaubte nur die Geschichte der Befreiungskriege gegen Napoleon, bei denen es auch »fortschrittliche« Adelige gab. Aber mit all dem hatte das Tor wenig und nur mittelbar zu tun.

Es sollte aufgeräumt werden in Berlin, oder besser: abgeräumt. Ein Jahr nach Kriegsende meldete die *Berliner Zeitung* den Plan des Magistrats, rund vierzig »belastete« Bauwerke und Denkmäler abzutragen, darunter die Siegessäule. Friedrich, der große Zweite auf seinem Roß, und Bismarck auf seinem Sockel sollten in Museen aufbewahrt und damit den Augen der revolutionären Massen entzogen werden. Die Frage kam auf, wenn sie auch nicht in der Zeitung diskutiert wurde: Kann man sich mit der Geschichte auseinandersetzen, indem man ihre steinernen und bronzenen Zeugen beseitigt? Aber wie gesagt: Es war die Zeit des Entweder-Oder.

Jedenfalls theoretisch. Denn die Geschichte der Erhaltung bzw. Vernichtung historischer Bauten in der DDR zeugt nicht von einheitlicher Linie. Die Stadtschlösser in Berlin und Potsdam, die wiederaufzubauen gewesen wären, wurden als Zeugen des preußischen Feudalismus beseitigt. Ebenso die Potsdamer Garnisonkirche als Schauplatz des berüchtigten »Tages von Potsdam«, des 21. März 1933, als bei einem Staatsakt der neue Kanzler Hitler vom alten Präsidenten Hindenburg gleichsam den Ritterschlag als seriöser Politiker erhielt. Andere, nicht so »belastete« Zeugnisse der untergegangenen Epochen wurden sorgsam restauriert, man denke an den Dresdner Zwinger und verschiedene Dome und Kirchen.

Die Siegessäule blieb unbelästigt, der Alte Fritz wurde nur vorübergehend »strafversetzt«, das Brandenburger Tor ragte weiter aus seiner wüsten Umgebung. Allerdings wurde ihm lange Zeit nicht viel Sorgfalt gewidmet. Es bekam, je nach Anlaß, ein meist rotes Spruchband angeheftet, aber restauriert wurde es vorerst nicht. Der Einschuß im Sims klaffte, die Reste der Quadriga verwitterten. Erst 1949 begannen Arbeiten am Tor.

Vorschläge zur Neugestaltung gab es genug, mitten aus dem Volk. Sie wurden, wenn sie genehm waren, in der SED-gelenkten Presse veröffentlicht. So schrieb ein Arbeiterstudent 1951 in etwas krausem Deutsch: »Ich schlage vor, als Gedenkstein an die III. Weltfestspiele und als Mahnmal zu noch größeren Anstrengungen im Kampf um den Frieden, auf das Brandenburger Tor eine Erdkugel, um die Jugendliche aus aller Welt an den Händen gefaßt tanzen, zu bauen.« Seit' an Seit' schreitende Werktätige wollten manche sehen, Picassos Friedenstaube sollte überm Tor schweben. Die Fachleute des Denkmalschutzes schlugen die Hände über dem Kopf zusammen, meistens leise.

Mindestens einer widersprach öffentlich. Der Architekt Selman Selmanagic, ein Bauhausschüler, plädierte im November 1949 dafür, die Quadriga originalgetreu wieder aufs Tor zu stellen, weil »der Quadriga selbst, wie auch dem Tor, keine politische Bedeutung beizumessen ist«. Das war eine taktisch kluge, aber gewagte Behauptung, denn erstens war dem Tor über eineinhalb Jahrhunderte lang eine politische Bedeutung aufgedrängt worden, zweitens war ihm auch ursprünglich eine zugedacht gewesen, gerade die eines Friedenstors. Selmanagic hätte ehrlicher mit ästhetischen Gesichtspunkten argumentieren müssen, aber die hätten wohl die Leserbriefschreiber nur für unpolitisch gehalten.

Die teilweise skurrilen Pläne wurden nicht verwirklicht, und eines Tages war genug Vernunft und Gelassenheit eingekehrt, um dem Tor seine alte Gestalt wiederzugeben. Jedenfalls in der Planung, denn bis zur Ausführung vergingen noch Jahre.

Zum ersten Deutschlandtreffen der Freien Deutschen Jugend am 1. Mai 1950 sollte die Hauptstadt der DDR möglichst schmuck aussehen. Der Blechhaufen, der einmal die Quadriga gewesen war, wurde aufs Pflaster geworfen, wovon es sogar eine kurze Wochenschauaufnahme gibt. Man machte sich nicht die Mühe, noch brauchbare Teile sicherzustellen. Bis auf den besagten Pferdekopf, der seither im Museum zu besichtigen ist.

Im Mittelpunkt des Aufstands
Der 17. Juni 1953

Die Fotos gingen um die Welt: Demonstranten mit schwarz-rot-goldenen Fahnen marschieren durch das Brandenburger Tor Richtung Westen. Arbeiteraufstand in der DDR. »Geschichte wiederholt sich nicht.« Diesen Allgemeinplatz der Historikerzunft lernt jeder Geschichtsstudent schon im ersten Semester.

Daß Politik und Geschichte mehr ist als zusammengetragenes Wissen zwischen zwei Buchdeckeln, lernten die Demonstranten im Herbst 1989 in der DDR. Sie haben mit dem Sturz des SED-Regimes einen historischen Prozeß wiederholt und fortgeführt, der 36 Jahre vorher begann: im Juni 1953.

Die DDR war noch nicht einmal vier Jahre alt, und schon oder immer noch stand das System auf tönernen Füßen. Der »Aufbau des Sozialismus«, von der SED im Sommer 1952 als »grundlegende Aufgabe der Deutschen Demokratischen Republik« beschlossen, fand wenig Unterstützung in der Bevölkerung. Jeder, der wollte, konnte sehen, daß es im Westen des geteilten Landes vorwärtsging. Das sogenannte Wirtschaftswunder sorgte für volle Regale, und ein erster bescheidener Wohlstand machte sich breit. Im Osten gab es noch immer Lebensmittelkarten, und dazu wuchs der politische Druck: Bauern wurden in landwirtschaftliche Produktionsgenossenschaften gepreßt, Betriebe enteignet, die Kirchen unter Druck gesetzt.

Viele sahen für sich und ihre Familien keine Zukunft mehr in der DDR und »stimmten mit den Füßen ab«, wie man damals sagte. Im Jahre 1951 gingen über 160000, im Jahre 1952 über 180000, und im Monat März 1953 erreichte die Fluchtwelle mit über 58000 Menschen ihren Höhepunkt. Die Produktivität der Wirtschaft sank immer weiter, und eine ernste Versorgungskrise verstärkte den Unmut.

Am 5. März starb der sowjetische Diktator Stalin, ein Aufatmen ging durch den damaligen Ostblock, und in vielen Staaten wurde das politische Klima etwas liberaler. Nicht so in der DDR. Der Altstalinist Ulbricht setzte weiter auf einen harten Kurs. Seine Antwort auf die Krise im Land waren höhere Arbeitsnormen. Die »herrschende Klasse«, die Arbeiter, sollten für den gleichen schlechten Lohn noch mehr arbeiten. Die neue Führung in Moskau zeigte immer weniger Verständnis für Ost-Berlin. Ulbricht sägte an dem Ast, auf dem er saß, und auch in der SED-Führung wuchs die Opposition: Ulbricht war politisch ein toter Mann, seine Ablösung beschlossene Sache.

Die DDR wurde zum Pulverfaß, und die Genossen in Moskau versuchten zu retten, was zu retten war. Anfang Juni wurde Ulbricht zum »Neuen Kurs« gezwungen: Die Versorgung der Bevölkerung hatte Vorrang, der »Aufbau des Sozialismus« wurde vorläufig gestoppt. Die Partei und ihr Staat gerieten aus dem Tritt. Es entstand eine »revolutionäre Situation«, wie sie schon Lenin – allerdings unter anderen Vorzeichen – beschrieben hatte. Denn wie so oft in der Geschichte von Aufständen brach auch der vom Juni 1953 erst los, als eigentlich der Druck schon aus dem Kessel genommen war.

Berlin war die Keimzelle des Aufstandes. Hier traten schon am 15. Juni die Bauarbeiter der Stalinallee (heute Frankfurter Allee) in den Ausstand. Am folgenden Tag verschärfte sich die Situation, und am 17. Juni sprang der Funke auf die ganze »Zone« über. Aber Berlin blieb das Zentrum. Die Stadt entwickelte sich in Stunden zum Hexenkessel. Das Wort vom »Generalstreik« machte die Runde. Das Politbüro hatte schon am Vortag die Normerhöhung zurückgenommen, aber die Arbeiter beruhigten sich nicht. Im Gegenteil: sie forderten den Rücktritt der Regierung, freie und geheime Wahlen, der Ruf nach der deutschen Einheit wurde laut.

Das Brandenburger Tor, Kontrollpunkt an der Grenze zwischen britischem Sektor und »Hauptstadt der DDR«, wurde erstmals Schauplatz der Ereignisse, als die Stahlarbeiter aus Henningsdorf durch den Westteil der Stadt Richtung Marx-Engels-Platz marschierten. Wenige Stunden später erreichte der Aufstand hier einen dramatischen Höhepunkt, als der 21jährige Lastwagenfahrer Horst Ballentin das Tor bestieg und die rote Fahne herunterholte. Die Menge am Tor jubelte, das Symbol der Unterdrückung wurde zerrissen und verbrannt, die Tat selbst zum Symbol des Aufstands. Erste Schüsse fielen. Weitere Demonstranten bestiegen das Tor und hißten schwarz-rot-goldene Fahnen.

Der Aufstand hatte jedoch seinen Höhepunkt überschritten. Seine Spontaneität war auch sein größtes Handikap. Den sowjetischen Panzern standen Hunderttausende von Individuen ohne Führung gegenüber. Immer mehr sowjetische Truppen wurden in die Stadt gezogen, und um 13 Uhr verhängte der Militärkommandant des sowjetischen Sektors, Generalmajor Dibrowa, den Ausnahmezustand. Alle Demonstrationen, Versammlungen und Kundgebungen waren ab sofort verboten.

Trotzdem dauerten die Unruhen bis in den späten Nachmittag. Ab 21 Uhr waren die Straßen wie leergefegt: Ausgangssperre bis 5 Uhr. Es herrschte wieder Ruhe im Land. Und der Sowjetunion blieb nichts anderes übrig, als Ulbricht weiterhin zu stützen.

Eine neue Quadriga
Prestigekampf im Kalten Krieg

Die Restaurierung des Brandenburger Tors in den fünfziger Jahren war streckenweise ein politisches Trauerspiel – oder eine Posse.

Die Ausgangslage: Berlin war geteilt, aber noch nicht durch eine Mauer zertrennt. Das Tor stand auf dem Gebiet von Ost-Berlin, der »Hauptstadt der DDR«. Deswegen fühlte sich die DDR zuständig für die Restaurierung des Bauwerks. Die Gipsabgüsse der Quadriga aus dem Zweiten Weltkrieg, ohne die das Bildwerk nicht neu geschaffen werden konnte, lagerten jedoch in West-Berlin – und wurden selbstredend nicht herausgerückt. Seit der politischen Teilung Berlins 1948 wurde immer wieder mal über diesen Punkt verhandelt, ohne Ergebnis. Endlich einigte man sich, mitten im Kalten Krieg, auf ein gemeinsames Werk: Der Magistrat (Ost) läßt das Tor renovieren, der Senat (West) die Quadriga neu anfertigen.

Das Ost-Werk gedieh vergleichsweise rasch und reibungslos, obwohl es keineswegs leicht war. Fast zehntausend Schadstellen waren zu reparieren, vor allem Einschüsse aus dem Krieg, oft hinterher unsachgemäß mit Zementplomben repariert. Der VEB Stuck und Naturstein aus Berlin-Friedrichsfelde verwendete Cottaer Sandstein aus den Steinbrüchen bei Pirna in der Sächsischen Schweiz, das gleiche Material also, das Langhans schon für den Bau des Tores vor 168 Jahren ausgewählt hatte. Rund zwei Millionen OstMark ließ sich die DDR das Werk kosten. Im Dezember 1957 war Richtfest, im Sommer darauf konnte die Volkspolizei in ihr (nördliches) Torhäuschen einziehen, die »Berlin-Werbung Berolina« in das andere.

Mit der Quadriga ging es nicht so schnell. Zwar besaß man die Gipsabgüsse, aber sinnigerweise hatte niemand die rund tausend Teile korrekt numeriert und sortiert. Erst als das Puzzle beendet war, konnte die Firma Hermann Noack in Berlin-Friedenau darangehen, die Quadriga neu zu treiben. Zu treiben, wohlgemerkt, und nicht zu gießen, wie man oft liest. (Richtig ist allerdings, daß eine Zeitlang an einen Bronzeguß gedacht wurde, ehe man sich zu einer originalgetreuen Rekonstruktion entschloß.) Es wurde stärkeres Kupferblech verwendet als beim ersten Mal, deswegen mußte auch die eiserne Stützkonstruktion unter dem Kleid der Göttin und dem Fell der Pferde verstärkt werden.

Zu den Feinheiten des Kalten Kriegs gehörte, daß der Firma Noack nicht gestattet wurde, das Tor zu besteigen, um die Befestigungspunkte für die neue Quadriga auszumessen. Am 18. Juli 1958 wurde bei Noack das Werk vom Amt für Denkmalspflege offiziell abgenommen. Vielleicht dachten an diesem Tag manche, nun sei alles in Ordnung.

Am 1. August wurde Viktoria am Haken eines Kranwagens von ihrem (Wieder-) Geburtsort in der Friedenauer Fehlerstraße 8 durch West-Berlin kutschiert, vorbei an der Gedächtniskirche und der Siegessäule, hin zum Pariser Platz. Auch die vier Pferde hingen an Haken, den Streitwagen transportierte ein Tieflader. Wochenschauaufnahmen und viele Fotos zeigen fröhlich gestimmte Berliner, die dem großen Ereignis dreizehn Jahre nach Kriegsende beiwohnten. Viktoria bekam einen Blumenstrauß in die kupferne Hand gedrückt. Tags darauf erschien der Ost-Berliner Oberbürgermeister Friedrich Ebert (der Sohn des Reichspräsidenten) am Brandenburger Tor und bestätigte freundlich dem neuen Firmenchef Noack (sein Vater war gerade gestorben) ausgezeichnete Arbeit. Es herrschte gute Stimmung. Noch.

Statt aufs Tor kam die Quadriga in den Hof des Ost-Berliner Marstalls. Dort wurde sie keineswegs versteckt, sogar der Öffentlichkeit zugänglich gemacht. Aber in der Ost-Berliner Presse setzte eine Diskussion darüber ein, ob Viktoria ihr Siegeszeichen wieder tragen solle, das Eiserne Kreuz im Eichenkranz mit preußischem Adler. Wie immer in solchen Fällen wurde mit gut sortierten Leserbriefen eine Kampagne geführt, um eine längst gefällte Entscheidung öffentlich zu begründen und zu rechtfertigen. Wie immer im Kalten Krieg heizte auf westlicher Seite ein Gutteil der Presse kräftig ein. Sogar das nachweislich falsche, aber ansonsten sehr hübsche Gerücht wurde in West-Berlin gestreut, die neue Quadriga sei als Buntmetall in den Produktionskreislauf der DDR eingegangen.

In Wahrheit ging es um das Eiserne Kreuz. In der DDR gab es eine Diskussion darüber. Oder besser gesagt: zwei Diskussionen. Eine interne, in der eine Rolle spielte, daß manche Generäle und Offiziere der Wehrmacht auch als Generäle und Offiziere der neuen Nationalen Volksarmee ihre alten Orden und Ehrenzeichen tragen wollten. Und eine gesteuerte öffentliche Diskussion. Darin wurde angeprangert, daß das Kreuz vieltausendfach an die Soldaten verliehen worden war, die in Hitlers Krieg Europa zu erobern versucht hatten. Nicht gesprochen wurde darüber, daß es 1813 im Freiheitskrieg gegen Napoleon gestiftet worden war. Das Ergebnis dieser Pseudo-Diskussion wurde in einem Beschluß des Ost-Berliner Magistrats schlicht und unhistorisch dahingehend zusammengefaßt, auf dem Tor sei »kein Platz für Hakenkreuze, Eiserne Kreuze und für den Preußenadler«. An diese Zusammenstellung hatte allerdings nie jemand gedacht.

Die inkriminierten Insignien blieben im Museum, die Quadriga kam aufs Tor, mit einem leeren Eichenkranz. Am 27. September 1958 stand das neue Gespann auf seinem alten Platz. Die rote Fahne war zwölf Tage vorher eingeholt worden.

»Eins, Zwei, Drei«
Billy Wilders Film zur Unzeit

Ungezählten Filmen hat das Tor als Kulisse gedient, für einige Filme wurde es ganz oder teilweise in Filmstudios nachgebaut. Aber es gibt wohl nur einen Streifen, in dem sich Original und »Double« im Film vereinen: Billy Wilders »One, Two, Three«.

In 108 Minuten nimmt Wilder den Kalten Krieg an seinem Brennpunkt Berlin auf den Arm. Respektlos macht er sich lustig über karrieresüchtige Amerikaner, plumpe Russen, gläubige Kommunisten, dumme Volkspolizisten, alte Nazis mit dünnem demokratischem Tarnanstrich. Und alles dreht sich um das Symbol des *American way of life* schlechthin, um Coca-Cola.

Erzählt ist die Geschichte schnell: C. R. MacNamara (James Cagney) ist Chef der Coca-Cola-Filiale in West-Berlin. Er hofft, die Karriereleiter hinaufzufallen, wenn es ihm gelingt, den sowjetischen Markt zu öffnen. Die sowjetische Handelsdelegation in Ost-Berlin zeigt sich interessiert, taugt ihr eigenes Produkt »Kremlin-Cola« doch nur, um Schafwolle in Albanien zu färben.

Turbulent wird der Film, als Scarlett Hazeltine (Pamela Tiffin), die Tochter des Chefs aus Atlanta, in Berlin einfällt. Ohne Wissen MacNamaras verschwindet sie jede Nacht durch das Tor nach Ost-Berlin. Nach ein paar Wochen präsentiert sie Otto Ludwig Piffl (Horst Buchholz), einen Ost-Berliner Kommunisten, als ihren Ehemann. MacNamara sorgt dafür, daß dieser nach seiner Heimkehr durch das Tor als angeblicher CIA-Agent verhaftet wird. MacNamara ist Piffl los, doch als er erfährt, daß Scarlett schwanger ist, muß er die »Scheidung« wieder rückgängig machen. Nachts fährt er durch das Tor in den Osten, um mit Hilfe der Russen, die sich inzwischen als vollkommen korrupt erwiesen haben, Piffl zu befreien.

Nach einer urkomischen Jagd, die für die Verfolger mit Totalschaden am Tor endet, beginnt die »Umerziehung« des jungen Kommunisten zum jungen Kapitalisten. Denn überraschend haben sich Scarletts Eltern zu einem Besuch ihrer Tochter angesagt, und innerhalb weniger Stunden muß ein passabler Schwiegersohn her ...

Der Film entstand von Juni bis September 1961 in West-Berlin und München. In den Bavaria-Studios mußte das Tor teuer nachgebaut werden, denn im Osten war dieser Stoff natürlich nicht zu drehen. So kam es, daß nur die Westansicht des Tores im Film »echt« ist.

Es war sein Schicksal, daß während der Dreharbeiten in Berlin die Mauer gebaut wurde. Damit war der Film beim Publikum unten durch. Das Thema an sich war plötzlich zu ernst, als daß es sich für Witze geeignet hätte.

Mitte der achtziger Jahre stand die Mauer zwar immer noch, aber eine neue Zuschauergeneration war mit der Mauer herangewachsen. Reagan sprach vom »Krieg der Sterne« und dem »Reich des Bösen«. In »Eins, Zwei, Drei« aber konnte man jetzt über den Kalten Krieg lachen. Ohne es zu ahnen, hatte Billy Wilder 1961 einen Kultfilm der achtziger Jahre gedreht.

Linke Seite: Berlin 1945: Am Pariser Platz hat kein Haus den Krieg heil überstanden, auch nicht das ehemalige Liebermannsche unmittelbar rechts vom Tor.

Mitten in Berlin herrscht totale Zerstörung. Doch bald schon beginnen die berühmt gewordenen Trümmerfrauen mit ersten Aufräumarbeiten.

Stunden nach dem Sieg: Der Dichter Jewgeni Dolmatowski trägt seinen Kameraden eigene Verse vor. Im Hintergrund Möbelwagen, mit denen der Volkssturm die Weltgeschichte aufhalten sollte.

Zwei beliebte Fotomotive im Mai 1945: eine Rotarmistin als Verkehrspolizistin unten vor dem Tor und die Quadriga als Schrotthaufen oben auf dem Tor.

Fünf Stundenkilometer: An der Sektorengrenze am Brandenburger Tor zeichnet sich mit Straßenkontrollen die Teilung ab.

Szenen am Tor: spielende Kinder, lesende Frauen.

Auf Berlins bekanntestem Schwarzmarkt zu Füßen der zerschossenen Quadriga finden Razzien statt.

Selbsthilfe gegen den Hunger: Frisch gesät wird in jedem Nachkriegsfrühjahr im Angesicht von Reichstag und Brandenburger Tor.

Landwirtschaft in der Stadt: Unter der Siegessäule im Tiergarten, dem ehemaligen Jagdrevier der preußischen Könige, wird geackert. Die Pferde hat der britische Stadtkommandant zur Verfügung gestellt.

Städter lernen, sich selbst zu versorgen – mühsam auf märkischem Sand.

Propaganda für die ersten Wahlen nach dem Krieg. Die SED darf am Tor für sich werben. Dennoch landet sie am 20. Oktober 1946 in Gesamt-Berlin weit hinter der SPD.

Die zerschossene Minerva-Statue in der nördlichen Säulenhalle des Tors als Plakatträger.

Vor dem Reichstag: Die Ruine direkt an der Grenze zum sowjetischen Sektor wird vor allem während der Blockade zur Kulisse großer politischer Kundgebungen der Berliner aus West und Ost.

Jahrelang erinnert der Schrott der Quadriga an den Endkampf um Berlin. Eine rote Fahne weht bis zur Aufstellung der neuen Quadriga 1958 auf dem Tor.

Immer deutlicher wird die Grenze am Brandenburger Tor zur Nahtstelle zwischen zwei Welten – auch wenn die Propaganda zum Deutschlandtreffen der FDJ 1950 noch für die Einheit wirbt.

Ruhe vor dem Sturm: Maispaziergänger 1953. Die DDR hat sich mit Fahnen und Transparenten eingemauert – aber der 17. Juni naht.

Das letzte Stück vom Original: Nur dieser Pferdekopf ist von der ersten Quadriga bis heute erhalten.

17. Juni 1953: Ost-Berliner Arbeiter demonstrieren gegen die »Arbeiter- und Bauernmacht« in der DDR. Mit schwarz-rot-goldenen Fahnen marschieren sie durchs Brandenburger Tor in den Westen.

Jugendliche Demonstranten klettern aufs Tor, um die rote Fahne herunterzuholen.

Die Stahlarbeiter aus Henningsdorf nördlich von Berlin marschieren durch die Westsektoren nach Ost-Berlin.

Pflastersteine gegen die sowjetischen Panzer in der Leipziger Straße.

Der Volkszorn entlädt sich an einem Symbol: Die rote Fahne vom Brandenburger Tor wird verbrannt. Die sie herunterholten, sind Helden der Geschichte – für einen Tag.

Für kurze Zeit weht Schwarz-Rot-Gold anstelle von Rot auf dem Tor.

»Straße des 17. Juni« – nach dem Arbeiteraufstand wird die Charlottenburger Chaussee umbenannt. Bis zum Mauerbau marschieren hier am Jahrestag der Oktoberrevolution Abordnungen der Roten Armee zum sowjetischen Ehrenmal im Tiergarten.

Ein mühsames Werk: In den fünfziger Jahren wird das Tor Stein für Stein von der DDR restauriert.

In West-Berlin entsteht eine neue Quadriga. Vorlage sind die Gipsformen, die während des Krieges abgenommen wurden.

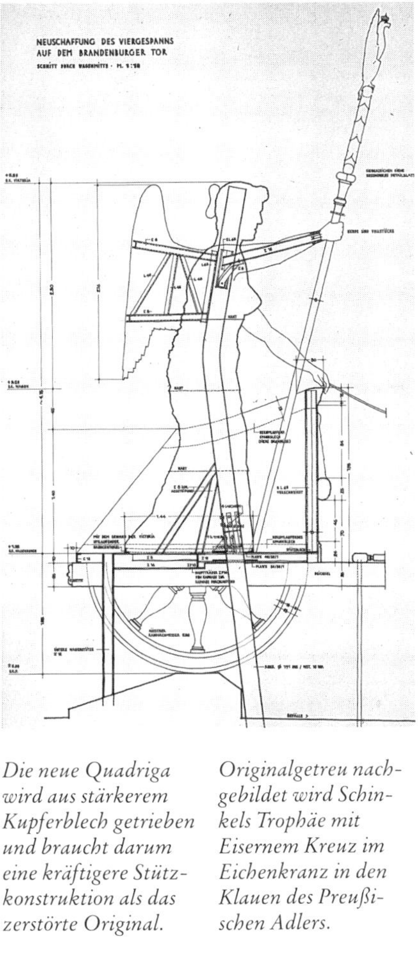

Die neue Quadriga wird aus stärkerem Kupferblech getrieben und braucht darum eine kräftigere Stützkonstruktion als das zerstörte Original.

Originalgetreu nachgebildet wird Schinkels Trophäe mit Eisernem Kreuz im Eichenkranz in den Klauen des Preußischen Adlers.

HERMANN NOACK BILDGIESSEREI

Linke Seite:
Aus der Nähe betrachtet und nicht von der Straße vorm Tor, ist die Quadriga eine Monumentalplastik. Bei der Firma Hermann Noack im West-Berliner Stadtteil Friedenau entsteht die Nachbildung – 165 Jahre nach dem Original.

August 1958: Stück für Stück wird die neue Quadriga von Friedenau vorbei an der Gedächtniskirche zum Brandenburger Tor transportiert.

Linke Seite: Bei der Übergabe findet Ost-Berlins Oberbürgermeister Friedrich Ebert noch freundliche Worte. Die Berliner aus Ost und West beschauen das Werk. Doch dann verschwindet es für Wochen im Hof des Ost-Berliner Marstalls. Stein des Anstoßes: die Trophäe mit dem Eisernen Kreuz.

Erst nach acht Wochen schweben die einzelnen Teile der Quadriga auf ihren angestammten Platz – ohne Eisernes Kreuz, ohne Adler, nur mit Eichenkranz. Der Klempner-VEB darf – noch – die Worte verewigen: »Nicht Ost! – Nicht West! ›Berlin‹«

Damals ein Flop, heute ein Kultfilm: »Eins, Zwei, Drei«. Als er fertig ist, wirkt er nicht mehr komisch – vor dem Tor steht inzwischen die Mauer.

Bei den Dreharbeiten: Regisseur Billy Wilder, die Hauptdarsteller Pamela Tiffin, James Cagney und Horst Buchholz.

Rechte Seite: Leer ist es geworden rund ums Brandenburger Tor. Die Ruinen der Palais und Hotels sind beseitigt. Das Tor ist »freigestellt«. Noch ahnt niemand die Mauer.

Achtung
Sie verlassen
West-Berlin
YOU ARE NOW
LEAVING
BRITISH SECTOR

Das eingemauerte Tor

Der 13. August 1961

»Macht das Tor auf!« forderte das »Kuratorium unteilbares Deutschland« in einem Aufruf vom 29. November 1958. »Gebt uns das heilige Recht der Selbstbestimmung!« – die Antwort auf Chruschtschows Berlin-Ultimatum, mit dem er den freien Teil der Stadt unter sowjetische Kontrolle bringen wollte. Es war ein hilfloser Protest der Deutschen im Westen. Aber viele Tausende zwischen Flensburg und Passau zeigten sich solidarisch: Für zwanzig Pfennig hefteten sie sich das Tor ans Revers. Unter ihnen viele, die selber von »drüben« gekommen waren. Alt- und Neu-Westler demonstrierten Anteilnahme am Schicksal der Landsleute im Osten insgesamt, nicht nur in Berlin.

Der Kalte Krieg hatte sich heißgelaufen. Ost und West standen sich in Berlin direkt gegenüber. Und West-Berlin, das »Schaufenster des freien Westen«, zu dem es von Bonn hochsubventioniert worden war, strahlte in die immer noch nachkriegsgraue »Zone«. Die politische Situation gönnte dem SED-Regime keine Atempause. Chruschtschows Berlin-Ultimatum von 1958 war an der Standhaftigkeit der West-Alliierten gescheitert, und der »Stachel im Fleisch der DDR«, wie sich West-Berlin auch selbst gern sah, war ein ständiger Anziehungspunkt nicht nur für Ost-Berliner.

Kurzum, die DDR, das sozialistische Experiment auf deutschem Boden, begann seit Anfang der fünfziger Jahre auszubluten. Die Menschen glaubten den Versprechungen der SED immer weniger. Als Gerüchte über mögliche Sperrmaßnahmen in der DDR kursierten, erreichte die Fluchtwelle im August 1961 ihren zweiten Höhepunkt seit 1953. Über 47000 Menschen verließen allein in diesem Monat ihre Heimat und gingen in den Westen.

Dort befürchtete man eine zweite Blockade der Halbstadt, doch der Warschauer Pakt hatte ganz andere Absichten. Anfang August gab es in Moskau grünes Licht für den Mauerbau. Die Pläne dazu waren ungefähr seit einem Monat fertig. Unter Leitung von Erich Honecker, dem »Kronprinzen« Walter Ulbrichts, waren sie mit preußischer Exaktheit ausgearbeitet worden. Eine Mauer rund um West-Berlin würde die Rechte der West-Alliierten nicht berühren wie eine Wiederholung der Blockade und trotzdem das Fluchtloch verstopfen.

Am 12. August um 16 Uhr unterzeichnete Walter Ulbricht die von Honecker ausgearbeiteten Einsatzbefehle. Um Mitternacht begann die Sperrung der Grenze. Sechs Stunden nach Beginn der Aktion war West-Berlin mit Stacheldraht eingezäunt. Nachmittags um 3 Uhr galt die Grenze als »gesichert«.

Die Berliner in Ost und West standen wie unter Schock. Die Teilung der Stadt traf Senat und Bevölkerung völlig unvorbereitet, genau wie die Redakteure von Springers *B. Z.* In völliger Verdrehung der Tatsachen gaben sie ihrem Extrablatt die Schlagzeile: »Blockade über Ost-Berlin verhängt!«

Am Brandenburger Tor versammelten sich an diesem Sonntag des Mauerbaus Tausende West-Berliner. Hilflos standen sie den »Organen« gegenüber. Einige versuchten daraufhin das benachbarte sowjetische Ehrenmal zu stürmen. Die West-Berliner Polizei konnte es mit Mühe verhindern. Die zuerst am Tor eingesetzten jungen Volkspolizisten reagierten immer nervöser auf die wütende Volksmenge und wurden durch Betriebskampfgruppen ersetzt, die mit der Maschinenpistole vor der Brust, Mann neben Mann, dem »Klassenfeind« ins Auge blickten.

Noch einen Tag, bis zum 14. August um 14 Uhr, blieb das Tor Grenzübergangsstelle. Dann wurde es auf Anordnung des DDR-Innenministeriums geschlossen – für 28 Jahre.

In kürzester Zeit wurde es nun zum Symbol für die deutsche Teilung – das Tor mit dem Stacheldraht, der schon im November 1961 durch eine massive Panzersperre ersetzt wurde. Bereits Ende August kam wieder ein Fahnenmast auf das Tor. Er stand im Rücken der Viktoria. Vom 31. August 1961 bis zum 19. März 1990 wehte hier die Flagge der DDR.

Der »antifaschistische Schutzwall«

Aus Broschüren der DDR

Auszüge aus Informationsheften der Deutschen Demokratischen Republik, wie sie auch den – ausgewählten – Besuchern des Brandenburger Tors angeboten wurden:

»Noch waren die Ruinen um das wiedererstandene Brandenburger Tor nicht verschwunden, da heulten bereits die Brandt, Lemmer und ihre Acht-Groschen-Jungen ihren Frontstadt-Song: Macht das Tor auf – für Schieber und Grenzgänger, damit wir euch ausplündern können!

Macht das Tor auf – für unsere Spitzel und Abwerber, damit wir euren Aufbau stören können!

Macht das Tor auf – für unsere Provokateure und Kriegshetzer, damit wir euch wieder versklaven können!

Am 13. August 1961 schlossen Kämpfer aus den Kampfgruppen unserer volkseigenen Betriebe, Arbeiter in den Uniformen der Nationalen Volksarmee und der Volkspolizei das Tor ab und verwehrten damit dem Kriege den Zutritt in unseren Arbeiter-und-Bauern-Staat ...

Nach dem 13. August 1961 herrschte Ruhe am Brandenburger Tor. Plötzlich heulten Motoren auf, gepanzerte Mannschaftswagen unserer Bereitschaftspolizei fuhren an. Erschreckt liefen auf der Frontstadtseite die Stummpolizisten auseinander und griffen zum Feldstecher. Was sahen sie? Junge Pioniere, die den Kämpfern und Volkspolizisten Blumen überreicht hatten. Als Dank dafür drehten unsere Friedensbewacher mit ihren jungen Freunden eine gemeinsame Ehrenrunde auf dem Vorplatz.«

(Aus: »Brandenburger Tor – Tor des Friedens«, 1962)

»Dieses Tor ist für Imperialismus und Militarismus ein für allemal geschlossen. Niemals mehr werden die Kräfte der Reaktion dieses Tor passieren, aber es wird der Tag kommen, wo sie in ihrer eigenen Höhle von der Bevölkerung Westberlins und Westdeutschlands geschlagen werden.

Das wird den Weg frei machen zur Vereinigung des ganzen deutschen Volkes in einem einheitlichen, friedliebenden, demokratischen und sozialistischen Staat, für den wir in der DDR Pionierarbeit leisten.

Der Sinn des Brandenburger Tores als Symbol des Friedens wird dann in ganz Deutschland erfüllt sein, und die mutige Wagenlenkerin wird davon künden, daß der Fortschritt und der Humanismus über Reaktion und Unmenschlichkeit, die Tugend über die Untugend und der menschliche Geist über den militaristischen Ungeist gesiegt hat.«

(Aus: »Das Brandenburger Tor«, ca. 1962)

»Erstes Ziel der westdeutschen Expansion soll Westberlin sein. Danach soll die DDR in die Bundesrepublik eingegliedert werden. Diesem Vorhaben dienen auch die ständigen Provokationen an den Grenzen der Deutschen Demokratischen Republik zu Westdeutschland und Westberlin ...

Die Provokationen gegen die DDR müssen nach Zehntausenden gezählt werden. Von

Westberlin aus wurden seit 1961 über 42000 Zwischenfälle an der Staatsgrenze der DDR organisiert ...

Die Deutsche Demokratische Republik wird immer an der Seite aller für Demokratie und Fortschritt kämpfenden Deutschen stehen. Sie wird nie dulden, daß Westberlin als elftes Land in die westdeutsche Bundesrepublik eingegliedert wird.«

(Aus: »Ein Schutzwall des Friedens«, 1968)

»Das Brandenburger Tor ist im Arbeiter-und-Bauern-Staat nicht nur ein Baudenkmal, sondern auch Symbol für die Friedenspolitik der Deutschen Demokratischen Republik. Denn hier wurde der Friede zum ersten Male in der Geschichte des deutschen Volkes fest verankert und gesichert durch die führende Kraft der Arbeiterklasse und ihre marxistisch-leninistische Partei.«

(Aus: »Das Brandenburger Tor«, 1972)

Aus einer Broschüre von 1988:

»1982 benutzte der USA-Präsident Reagan seinen Besuch in Berlin (West), um in provokatorischer Absicht das Hoheitsgebiet der DDR zu verletzen.«

(Das Foto zeigt, wie Reagan am Checkpoint Charlie den Fuß auf die weiße Grenzlinie setzt.)

»In einer militanten Rede forderte er bei seinem Besuch am 12. Juni 1987 hinter dem Brandenburger Tor dazu auf, die ›Berliner Mauer‹ niederzureißen.«

Das Gästebuch

Zitate aus der Zeit der Mauer

Die Völker der sozialistischen Länder werden dem Volk der Deutschen Demokratischen Republik und seinen bewaffneten Streitkräften, besonders den Grenztruppen, die die friedliche Arbeit der Menschen der Deutschen Demokratischen Republik und die sozialistischen Errungenschaften schützen, stets dankbar sein. Seid weiterhin wachsam!
Ihre Freunde, die sowjetischen Kosmonauten
Juri Gagarin und Valentina Tereschkowa
Berlin 1963

Das berühmte Brandenburger Tor ist heute eine historische Grenze, eine Grenze, an der die Kräfte der Freiheit und des Sozialismus mit friedlichen Methoden vom Territorium der Deutschen Demokratischen Republik Wache halten über die höchsten Werte der Zivilisation ...
Hiren Mukerjee,
Mitglied des indischen Parlaments
6. November 1967

Mit tiefer Bewegung haben wir uns der Mauer genähert, diesem Brandenburger Tor. Diese Mauer werden wir künftig nur noch als Friedenswall bezeichnen ...
Delegation aus Frankreich, Paul Carigi u. a.
4. Mai 1968

Die Delegation des Allafrikanischen Gewerkschaftsbundes hat an Ort und Stelle die wirtschaftlichen Erfolge des freien Volkes in der DDR feststellen können und ist davon überzeugt, daß die DDR ein Bollwerk des Friedens und der Freiheit ist ... Entschlossen vorwärts zur Sicherheit auf dem Wege zum Glück der Völker!
Mamadou N'Diaya, Mali
9. Mai 1968

Aufgeklärt durch die Führung der Staatsgrenze der DDR, sind wir überzeugt, daß die Sache des Sozialismuss in besten Händen ist. Es wird keinen 17. Juni mehr geben.
Für uns ist es Mut u. Kraft für unsere Arbeit in der BRD.
Veteranendelegation DKP Augsburg
1974

Wir bedanken uns für die Weitergabe von Informationen, für die wir in der BRD keinen Zugang haben.
Alles für den Frieden!
Neuer Job für Ronald:
Kellner bei McDonald!!
Delegation des MSB Spartakus
aus Frankfurt a. M.
Hans-Joachim Greifenstein
21. 5. 1982

Wir sind tief beeindruckt von der vorbildlichen Dienstdurchführung der Grenzsoldaten der DDR, die die westliche Grenze der sozialistischen Staatengemeinschaft an der Nahtstelle zwischen Sozialismus und Imperialismus in Europa seit 34 Jahren zuverlässig schützen.

Seitdem Ihr hier steht, ist das Brandenburger Tor zum ersten Mal in der Geschichte des deutschen Volkes ein Symbol wider den Krieg! ...

Ergriffen und voller Hochachtung verneigen wir uns vor den Genossen, die in treuer Pflichterfüllung beim Schutz der Grenze ihr Leben verloren ...

Die Teilnehmer der internationalen Beratung leitender organisationspolitischer Kader der politischen Hauptverwaltungen sozialistischer Armeen
21. September 1983

Die Teilnehmer des Berliners Treffens der Chefredakteure der Zentralorgane sozialistischer Länder grüßen die Grenzsoldaten der DDR, die an einem wichtigen Frontabschnitt des Klassenkampfes auf Friedenswacht stehen.

Wir wünschen Ihnen, liebe Genossen, weiterhin viel Erfolg beim zuverlässigen Schutz der Staatsgrenze der DDR, bei der Erfüllung des internationalistischen Klassenauftrages, den Sie an der Seite Ihrer Klassen- und Waffenbrüder aus den Bruderländern zur Sicherung der sozialistischen Staatengemeinschaft leisten.
Berlin, am Brandenburger Tor,
den 20. 2. 1985
Günter Schabowski, *ND*
(und weitere Unterschriften)

Am Brandenburger Tor kann man sich anschaulich davon überzeugen, wieviel Kraft und wahren Heldenmut der Schutz des ersten sozialistischen Staats auf deutschem Boden vor den Anschlägen des Klassenfeinds erfordert.

Die Rechnung der Feinde des Sozialismus wird nicht aufgehen. Das Unterpfand dessen sind das unerschütterliche Bündnis zwischen der DDR und der UdSSR sowie das enge Zusammenwirken der Bruderländer im Rahmen des Warschauer Vertrages.

Ewiges Andenken an die Grenzsoldaten, die ihr Leben für die sozialistische DDR gegeben haben.
Berlin, 16. April 1986
M. Gorbatschow
Generalsekretär des ZK der KPdSU

Es ist immer ein besonderes Erlebnis, an dieser Stelle zu stehen und die Verwirklichung des sozialistischen Ideals, für das man ein Leben lang kämpfte, zu sehen und in sich aufzunehmen. Die Erfolge des sozialistischen Staates geben einem die Kraft, im anderen Teil Deutschlands weiter zu kämpfen.

Viel Erfolg auf allen Gebieten und Frieden dem Sozialismus.
Berlin, 2. 10. 1986
Centa Herker-Beimler

Die Grenzen eines jeden Landes sind heilig.
Minister für Verteidigung
der Republik Zypern
Elias Eliatos
14. 10. 86

Hier am Brandenburger Tor versammelten sich am 2. Mai 1945 sowjetische Militärangehörige, die vom Ufer der Wolga bis Berlin gelangt waren, die in jenen Tagen am Sturm des Reichstages teilgenommen hatten sowie der Hitlerkanzlei. Ich hatte die Ehre, an jenem Tag vor ihnen vor dem Hintergrund einer Selbstfahrlafette aufzutreten und ihnen von der gerade erst vollstreckten Kapitulation Berlins zu berichten. Wir feierten den Sieg unseres Volkes, des Friedens über den Krieg.

Ich las meinen Genossen eben erst verfaßte Verse vor von unserem Weg von der Wolga bis zur Spree und gratulierte ihnen zum ruhmreichen Sieg.

Heute ist das Brandenburger Tor Vorposten des Friedens in Europa.

Glück und Frieden wünschen wir den Menschen der ganzen Erde; mit dem friedlichen Volk der DDR verteidigen wir diesen für einen hohen Preis erreichten Frieden.
Jewgeni Dolmatowski
20. Februar 1987

Falls es jemand wissen möchte, ich bin von dieser Seite der Mauer.
Tomas Borge, Minister des Inneren, Nicaragua
27. Juni 1987

Das Brandenburger Tor mit der Staatsgrenze als wohl bekanntes Tor zwischen dem sozialistischen und kapitalistischen System.

Das Tor steht jederzeit zum Öffnen bereit und kann gegebenenfalls bei Notwendigkeit geschlossen werden.

Ich wünsche den Grenzsoldaten der DDR Standhaftigkeit auf dem Posten zur Verteidigung der Staatsgrenze ihres Vaterlandes.
Stellvertretender Vorsitzender des Ministerrates der SRV
Berlin, 16. 10. 89
(Letzte Eintragung aus der Zeit der DDR.)

»Niemand hat die Absicht, eine Mauer zu errichten!« lügt Walter Ulbricht noch im Juni 1961. Auf Protestplakaten wird er nach dem 13. August zitiert, als Nationale Volksarmee und Betriebskampfgruppen die Grenzen zu West-Berlin auch am Tor abgeriegelt haben.

Linke Seite:
Der erste Tag des »Mauertourismus«: Am 13. August 1961 strömen die West-Berliner zur Sektorengrenze, um sich mit eigenen Augen von dem Unglaublichen zu überzeugen.

Die Bernauer Straße wird weltberühmt. Aus den Fenstern der Häuser im Ostsektor flüchten die Menschen auf die Straße, deren Bürgersteige schon zu West-Berlin gehören.

Einen Tag danach: Am 14. August ziehen Betriebskampfgruppen an der Sektorengrenze auf. Sie gelten als ideologisch zuverlässiger als die Wehrpflichtigen der Nationalen Volksarmee.

Wütend, aber hilflos: die Reaktion im Westen.
Am 16. August protestieren der Regierende Bürgermeister Willy Brandt und Hunderttausende Berliner vor dem Rathaus Schöneberg. Die Wappen der Ost-Berliner Bezirke sind mit Stacheldraht gezeichnet.
Bundeskanzler Konrad Adenauer kommt erst neun Tage nach dem Mauerbau – was ihm Berlin nicht verzeiht.

Grenze zwischen zwei Welten: »Achtung! Sie verlassen jetzt West-Berlin«. Aber wie?

Erst im November 1961 wird das provisorisch abgesperrte Tor eingemauert.

Auf westlicher Seite: eine Beobachtungsplattform für die Alliierten und die West-Berliner Polizei (im Hintergrund das Rote Rathaus).

So einsam stand das Brandenburger Tor nie zuvor in seiner Geschichte.

Östlich des Tors: die »Hauptstadt der DDR« fünf Jahre nach dem Bau der Mauer, überragt vom Fernsehturm am Alex und dem Welthandelszentrum an der Friedrichstraße. Rechts: Der Blick nach Westen!

Linke Seite: Mauertourismus West: Achtundzwanzig Jahre nach seinen Olympiasiegen besucht Jesse Owens wieder einmal Berlin. Mauertourismus Ost: Kleine Sowjetbürger posieren an der Grenze zum kapitalistischen West-Berlin.

Das »Niemandsland« wird erschlossen. Auf dem Gelände des alten Regierungsviertels an der ehemaligen Wilhelmstraße wird 1984 die Mauer versetzt, um Platz für neue Wohnbauten zu schaffen.

Ein Vierteljahrhundert nach dem Mauerbau: Die klimatisierten Busse stauen sich vor der Sehenswürdigkeit, Willy Brandt gibt ein Interview zur geschlossenen Grenze und zur offenen deutschen Frage.

Die Mauer – frisch verkleidet. Die DDR gibt sich Mühe, nach Westen schmuck zu wirken.

»Make Love, not Walls!« Demonstration auf der Westseite am 13. August 1988 mit lebensgroßen Bildern des sowjetischen Generalsekretärs. Sechzehn Monate später wird die Mauer auch hier am Tor fallen – nicht zuletzt dank Gorbatschow.

Gorbatschow am Tor. Am 16. April 1986 schreibt er ins Gästebuch: »Die Rechnung der Feinde des Sozialismus wird nicht aufgehen.« Drei Jahre später mahnt er: »Wer zu spät kommt, den bestraft das Leben.«

»Open this gate!«
Ronald Reagan 1987

»Mr. Gorbatshew, open this gate!«

Was haben wir gedacht, als Ronald Reagan am 12. Juni 1987 um 13.34 Uhr vor dem Brandenburger Tor diese Worte sprach? Machen sie das Tor auf! Brav! Gute Idee! Aber …

Der amerikanische Präsident war, anders als zum Beispiel John F. Kennedy 1963, nicht mit hunderttausendfachem Jubel empfangen worden. Die Zeiten hatten sich geändert. Das Freiheitspathos der frühen Jahre, das Pathos eines Willy Brandt, mehr noch eines Ernst Reuter, war großen Teilen der neuen Generationen unverständlich geworden, sogar suspekt. Gegen Reagans Besuch wurde demonstriert, nicht nur von vermummten Chaoten, nicht nur als Randale um der Randale willen, auch von ernsthaften Menschen mit Gründen, über die sie diskutierten. Wir hatten für das ZDF aus Berlin zu berichten, auch über die Demonstrationen, und mußten uns, wie die Polizisten, immer wieder vor fliegenden Pflastersteinen ducken.

Auch wenn man den USA freundlich gegenüberstand, beobachtete man die Umstände von Reagans Besuch zum 750. Geburtstag Berlins mit gemischten Gefühlen. Denn um Reagan am Brandenburger Tor zu sehen, mußte man eingeladen sein. 25 000 waren eingeladen, im wesentlichen zuverlässige Berliner und in Berlin lebende Amerikaner. Rund 10 000 Polizisten sicherten den Auftritt. Der östliche Teil des Tiergartens bis zur Mauer war mit Metallgittern abgeriegelt. An den wenigen Zugängen – der für die Presse war an der Moltkebrücke – mußte man Tore mit Metalldetektoren passieren, wie auf manchen Flughäfen. Uns kamen, obwohl wir es weiß Gott nicht gleichsetzen wollten, Erinnerungen an Helmut Schmidts Besuch in Güstrow, wo nur von der Stasi handverlesene »Bürger« in die Nähe des Kanzlers gedurft hatten.

Für die Maßnahmen in Berlin brachten wir Verständnis auf, schließlich hatte Reagan zu Hause ein Attentat nur knapp überlebt. Aber wir dachten fast wehmütig an Kennedy, wie er im offenen Wagen durch die jubelnde Stadt gefahren war. Freilich war das kurze Zeit vor seiner Ermordung in Dallas gewesen.

Reagan besuchte zuerst den Reichstag. Er wurde auf einen der Balkons geführt, von denen aus man über die Mauer nach Ost-Berlin hineinschauen konnte. Es fiel auf, daß er lachend einen Scherz machte, was viele unpassend fanden an dieser Stelle. Dann las er eine Schrift, die jemand genau hier auf die Mauer gesprüht hatte: »This wall will fall.« Ein amerikanischer Soldat, stellte sich später heraus, hatte das geschrieben, er hieß William Ozkaptan. »Diese Mauer wird fallen.«

Reagan am Brandenburger Tor: Die Tribüne mit dem Rednerpult, nur wenige Meter vor der Mauer, war nach Westen ausgerichtet, so daß die Fernsehkameras den Präsidenten mit dem Tor im Rücken um die halbe Welt übertragen konnten, bis in die USA. Hinter dem Präsidenten: eine schußsichere Glasscheibe. Natürlich nicht von den Grenzern der DDR fürchte man Gefahr, erklärten uns die Sicherheitsbeamten aus Washington, sondern von einem möglicherweise geistig verwirrten Einzeltäter. Das ließ sich verstehen.

Durch die Säulen des Tors sahen wir die wenigen Hundert Ost-Berliner, die hinter der Absperrung standen, zusätzlich von Uniformierten und Zivilen zurückgehalten. Im Westfernsehen hätten sie den Präsidenten *live* verfolgen können, hier nicht.

Vor Reagan sprach der Kanzler. Er betonte, die Folgen der Teilung müßten gelindert und das Ziel der deutschen Einheit dürfe nicht aufgegeben werden.

»Ich hab' noch einen Koffer in Berlin«, sagte Ronald Reagan. Auf deutsch. Seit Kennedys »Ich bin ein Berliner!« mußte sich jeder Präsident aus Washington in Berlin mit einem solchen Sinnspruch ein Denkmal setzen. »Es gibt nur *ein* Berlin«, sagte Reagan auch und wurde damit ernsthaft. Er zitierte Richard von Weizsäcker: »Die deutsche Frage ist so lange offen, wie das Brandenburger Tor zu ist.« Er sprach von den Fehlschlägen, unter denen die kommunistische Welt leide.

Dann kam er zum Kern: »Generalsekretär Gorbatschow, wenn Sie nach Frieden streben, wenn Sie Wohlstand für die Sowjetunion und für Osteuropa wünschen, wenn Sie die Liberalisierung wollen, dann kommen Sie hierher zu diesem Tor.

Herr Gorbatschow, öffnen Sie dieses Tor!

Herr Gorbatschow, reißen Sie diese Mauer nieder!«

Diese Worte wurden mit großem Jubel aufgenommen: »Open this gate! Tear down this wall!« Aber gab es jemand, der sie für bare Münze nahm? Der sich vorstellen konnte, daß sie in Kürze in Erfüllung gingen? Auch in unserer Kommentierung hieß es: Rhetorik! Und niemand widersprach.

Reagan redete davon, in ein neues Zeitalter aufzubrechen. Ost- und West-Berlin enger zusammenzubringen. Die Stadt zu einem der wichtigsten Zentren der Luftfahrt in Mitteleuropa zu machen. Das klang schon realistischer. Mittelfristig. Besonders häufig zitiert wurde der Vorschlag, in naher Zukunft die Olympischen Spiele in Berlin abzuhalten, im Osten und im Westen.

Die DDR reagierte wie gewohnt. ADN schrieb: »Reagan rief auf, die Grenzsicherungsanlagen der DDR zu zerstören, und ignorierte völlig, daß dieser Schutz der Grenze der DDR nach Berlin (West) durch die feindseligen Aktionen des Westens notwendig geworden war.« Durch Reagans Worte werde die Mauer »bestimmt nicht durchlässiger werden, geschweige, daß sie verschwindet«.

Das alles war gut zwei Jahre vor dem Oktober 1989, als Gorbatschow beim vierzigsten Jahrestag der DDR die berühmt gewordenen Worte sprach: »Wer zu spät kommt, den bestraft das Leben.« Worte, die sich innerhalb von Wochen bewahrheiteten. Vielleicht wird man eines Tages erfahren, ob die Rede Reagans einen Einfluß auf Gorbatschow hatte. Reagan selbst hat nie behauptet, er habe die schnelle Erfüllung vorhergesehen: »Mister Gorbatshew, open this gate!«

Freude und Randale

Silvesterfest und Restaurierung

Der Regierende Bürgermeister Walter Momper erklärte die Feier kurzerhand zum »Silvester des Brandenburger Tores« – und wie er dachten wohl fast hunderttausend Menschen, in dieser Nacht, an diesem Ort. Wie der Regierende Bürgermeister fanden es Tausende »einfach geil«, die Mauer vor dem Brandenburger Tor unter ihren Füßen zu spüren. Schon lange vor Mitternacht gab es auf der Panzersperre vor dem Tor keinen Stehplatz mehr. Unter den Linden und auf der Straße des 17. Juni war kaum ein Durchkommen. Noch mehr Menschen als bei der Wiedereröffnung neun Tage zuvor am 22. Dezember 1989 schoben und drängten sich. Es wurde getanzt, gesungen und geschunkelt.

Aus einer deutschen Silvesternacht wurde ein beinahe südländisches Fest und ein Muß für alle deutschen Rundfunk- und Fernsehstationen. Keine Silvester-Sendung kam ohne Reportagen vom Brandenburger Tor aus. Es war, wie ein Reporter sagte, die »Nacht der Nächte«. Es wurde gefeiert und getrunken. Bei Temperaturen um den Gefrierpunkt wollten sich viele mit Alkohol warmhalten, und wer seinen mitgebrachten Vorrat aufgebraucht hatte, konnte sich leicht neuen »Stoff« besorgen. Überall um das Brandenburger Tor verkauften fliegende Händler Bier, Sekt und Schnaps aus dem Kofferraum.

Schon gegen 22 Uhr stürzten auf der Westseite die ersten Betrunkenen von dem etwa 3,50 Meter hohen Wall und mußten mit Knochenbrüchen ins Krankenhaus eingeliefert werden. Auf der Ostseite gab es Verletzte, als Feuerwerksraketen in die Menge flogen. Lange vor Mitternacht setzte das Riesenfeuerwerk ein, das für die Fernsehzuschauer zu Hause phantastisch aussah, am Ort des Geschehens aber für manche bedrohlich wurde.

Betrunkene schossen aus schräg gehaltenen leeren Sektflaschen Raketen ab. Andere machten sich einen Spaß und warfen den Umstehenden Knallkörper zwischen die Beine. Als erster, so berichteten Augenzeugen später, stieg ein unbekannter Mann mit einer Bergsteigerausrüstung auf das Brandenburger Tor. Von oben habe er dann Seile herabgelassen, an denen sich andere hochhangelten.

Die Idee machte Schule. Immer mehr Menschen versuchten, auf das rund 20 Meter hohe Tor zu kommen. An Fallrohren und Blitzableitern zogen sie sich nach oben.

Dort probten einige den vorzeitigen Flaggenwechsel: Sie holten die Flagge der DDR mit Hammer, Zirkel und Ährenkranz vom Mast hinter der Quadriga, zerrissen sie und hißten die bundesdeutsche Fahne und die blaue Europa-Flagge.

Andere, teils volltrunken, fielen über die Quadriga her, zerbeulten die Pferde, zerstörten das Zaumzeug, zerrupften den Eichenkranz, beschmierten die Figuren. Andere drängten von unten nach. Eine Videowand des DDR-Fernsehens wurde zum Klettergerüst. Fernsehleute, die die Menge am Besteigen hindern wollten, wurden angegriffen, Kameras zerstört.

Über fünfhundert Personen tummelten sich zeitweise auf dem Tor. Bis es gegen 1.35 Uhr zur Katastrophe kam: Die Videowand brach unter der Last der Kletterer zusammen. 80 Menschen wurden dabei erheblich verletzt.

Die Rettungsmannschaften aus Ost und West (es war ihr erster gemeinsamer Einsatz) hatten es schwer, zum Unglücksort vorzudringen. Betrunkene, Schaulustige und ein Scherbenmeer hielten die Krankenwagen auf. Die Bilanz dieser Nacht: 271 Verletzte rund um das Brandenburger Tor und ein Toter.

Reif zur Restaurierung war die Quadriga übrigens schon einige Jahre vorher. Wie Demps berichtet, gab es in den achtziger Jahren in Ost-Berlin Diskussionen über eine Wiederaufnahme des Eisernen Kreuzes und des preußischen Adlers. Beide befanden sich schon seit 1987 am Tor, bereit, die Trophäe der Quadriga wieder zu schmücken.

In einem Gutachten stellten die Denkmalpfleger Anfang 1988 fest, daß die eisernen Stützen im Leib der Viktoria und die Eisenkonstruktion des Triumphwagens stark vom Rost zerfressen waren und erneuert werden müßten. Den Abbau der Quadriga hatte die DDR für 1990 vorgesehen.

Beim Silvesterfest hatten die Figuren zwar noch größeren Schaden erlitten, aber ihre Wiederherstellung zu organisieren war nun kein prestigebeladenes Politikum mehr. Das Museum für Verkehr und Technik in Kreuzberg stellte seine Werkstätten für die Arbeiten zur Verfügung, der Mannesmann-Konzern, 1890 am Pariser Platz gegründet, sponsorte die Rekonstruktion der Quadriga mit Geld und Know-how. Andere Firmen aus dem Westen stellten kostenlos und werbewirksam Kräne und Personal zum Abbau der Figuren. Die schwäbische Gerüstbaufirma Layher machte sich mit einem Schlag bekannt in Presse und Fernsehen.

Am 23. März 1990 ging die Quadriga »in den Westen«, um zum 200. Tor-Jubiläum wieder auf ihrem Platz zu stehen – in einem geeinten Berlin.

Auf der Westseite des Tors: John F. Kennedy besucht am 26. Juni 1963 als erster US-Präsident die Mauer. Zum Empfang verwehrt die DDR den Blick in ihre Hauptstadt mit schwarzem Tuch.

Neben Kennedy: Willy Brandt, der spätere Bundeskanzler. In der Mitte des Podiums: Egon Bahr, der spätere »Architekt« der neuen Ostpolitik.
Der Aufwand des Fernsehens ist bescheiden, verglichen mit Reagans Besuch 1987.

Salut für die Queen: Elizabeth II. fährt vor, am 27. Mai 1965. Das Brandenburger Tor grenzt an »ihren« Sektor.

Die Mauer erdrückt auch nach einem Vierteljahrhundert noch das Leben in Berlin – nicht nur im Osten.

»Mr. Gorbatshew, open this gate!« Am 12. Juni 1987 spricht Ronald Reagan die Worte, die wider Erwarten zweieinhalb Jahre später Wahrheit werden. Rechts neben Reagan Kanzler Kohl, links Bundestagspräsident Jenninger.

Bissige Ironie des Karikaturisten Haitzinger im Jahr 1985.

Brandenburger Tor und Reichstag: nun wieder mitten in Berlin.

Und noch einmal Haitzinger: Es ist zum Weinen – so oder so.

Das Silvester der Einheit: Die Party am 31. Dezember 1989 gerät nach Mitternacht aus den Fugen. Alkohol und Begeisterung fordern über zweihundert Verletzte.

Die Quadriga wird zuschanden geritten. Freude schlägt um in Zerstörungswut. »Freiheit«, schreibt Haitzinger, »die ich nicht *meine*.«

»..., die ich *nicht* meine.«

Das Tor ist offen – aber vorerst nur mit Reisepaß. Anfang 1990 stehen die DDR-Bürger auf dem Pariser Platz lange Schlange, um nach »drüben« zu kommen.

Nächtliches Feuerwerk: Im Funkenregen der Trennscheiben fallen im Februar 1990 zwei Kilometer Mauer am Tor. Nachts – um den Grenzverkehr nicht zu behindern.

Die Mauer verkrümelt sich – während das Brandenburger Tor im April 1990 schon restauriert wird. Der Karikaturist Horst Haitzinger übertreibt natürlich: Die Mauer wird bröckchenweise verhökert, am Tor vergreifen sich nur wenige Souvenirjäger.

Linke Seite:
Die Quadriga geht zur Kur: Am 23. März 1990 werden Viktoria und ihre Pferde zur Reparatur ins Kreuzberger Verkehrsmuseum abtransportiert. Zweiunddreißig Jahre lang, seit dem Sommer 1958, hatte die Quadriga Nr. 2 Wind und Wetter getrotzt.

Kaum zu erkennen: das Tor in höchst profaner Verkleidung. Die schwäbische Gerüstbaufirma Layher wird mit einem Schlag in Deutschland bekannt.

Renovierung in Rekordzeit: Für die Feier der Einheit am 3. Oktober 1990 steht das Tor parat – wenn auch ungekrönt.

Am 3. Oktober 1990 bricht der »Tag der deutschen Einheit« an. Am 17. Juni 1953 waren schon einmal Demonstranten mit schwarz-rot-goldenen Fahnen durchs Tor gezogen, aber jener »Tag der deutschen Einheit« war immer ein Gedenktag der Teilung gewesen.

Zukunftspläne

Der neue Pariser Platz

Nun wächst die Stadt wieder zusammen. Es ist ja nicht damit getan, daß die Mauer abgerissen, die unterbrochenen Straßen wieder geteert, die U- und S-Bahn-Linien zusammengeflickt werden. Jahrzehntelang haben die Planer, je nachdem, für den Torso (West) oder den Torso (Ost) geplant. Zumindest im Westen hatten sie zwar lange Zeit vieles offengehalten, im Hinblick auf den fernen »Tag X«. Aber irgendwann hatten auch sie beginnen müssen, für das halbe, das westliche Berlin zu bauen.

Manches hat sich verdoppelt in der Zeit der Trennung. Zur Staatsoper Unter den Linden kam die Deutsche Oper an der Bismarckstraße. Braucht man beide, können beide überleben? fragten sich die Kulturpolitiker gleich nach der Vereinigung. Zwei Flughäfen, in Tegel und in Schönefeld: Für das vereinigte Berlin ist keiner von beiden groß genug. Märkisches Museum und Berlin-Museum, Zwillinge vom Thema ihrer Sammlungen her: Sie arbeiteten rasch zusammen. Und so weiter.

Am Potsdamer Platz war schnell eine erste städtebauliche Entscheidung gefallen: Die Daimler-Benz AG bekam ein Grundstück für einen riesenhaften Bau, von dem manche sagten, er sprenge die alten Dimensionen. Eine voreilige Entscheidung, monierten daher die einen, während die anderen begrüßten, daß es wenigstens an einer Stelle losgehen könne.

Der benachbarte Leipziger Platz, hieß es, werde in seiner alten Form des Oktogons, des Achtecks, der Geschichte angehören. Muß das sein, fragen Geschichtsbewußte, wo doch schon das »Rondell«, der heutige Mehringplatz, durch die Bebauung nach dem Krieg seinen originellen Charakter weitgehend eingebüßt hat?

Mit dem Brandenburger Tor ist es scheinbar viel einfacher: Es ist wieder, wie von 1791 bis 1961, der Zugang von Berlin-Mitte in den Tiergarten. Und umgekehrt.

Aber Zugang für wen? Sollte das Tor wieder, wie bis 1961, den Autoverkehr aufnehmen? Oder nur die Fußgänger und Radfahrer? (Reiter sind ja verhältnismäßig selten geworden.) Konnte sich jemand vorstellen, den alten Bau den heutigen Anforderungen des Straßenverkehrs auszusetzen?

Womit man bei der alten Streitfrage war: Tor oder Denkmal? Da diese Zeilen geschrieben werden, ist noch nichts entschieden. Eine Kommission berät über die städtebauliche Zukunft der wieder vereinigten Hälften.

Der Pariser Platz am Brandenburger Tor, das schien sogleich unstrittig, sollte seine überkommene Form behalten. Wenigstens die Bürgersteige zeigten ja all die Jahre das alte »Quarré«, wenn auch keine einzige Häuserfront erhalten war. So weit, so gut. Aber wie sollten die Fassaden einer neuen Bebauung aussehen?

Auf dem Frankfurter Römerberg hat man, bundesweit diskutiert, eine historisierende Zeile von Fachwerkhäusern errichtet. Die Stadt habe wieder ihre »gute Stube«, begrüßten die einen; »Disneyland am Main«, mokierten sich die anderen.

Der Pariser Platz im alten Stil? Eigentlich nicht vorstellbar.

Sicher war nur von Anfang an, daß dieses Ensemble mit besonderer Sorgfalt zu planen sei. Denn der Pariser Platz ist nicht irgendein Platz. Und außer bei den Grundstückseignern, die ihren zurückgewonnenen Besitz bald nutzen wollten, bestand kein Grund zur Hast.

Die Frage mußtc sorgfältig diskutiert werden, ob die Häuser des Pariser Platzes wieder, wie es bis 1945 immer war, an das Tor heranreichen sollten. Oder ob das Tor, wie mehrmals geplant, »freigestellt« werden solle. Besser gesagt: freigestellt bleiben sollte, denn die Bomben hatten das ja, wie gesagt, ganz gründlich besorgt.

Für jede Auffassung ließen sich Argumente finden. An dieser Stelle darf eine bevorzugt werden: Berlin hat durch den Krieg und durch die oftmals rigiden Kahlschläge in West und in Ost so viel von seiner städtebaulichen Substanz eingebüßt, daß im Zentrum ein Kern der historischen Stadtanlage gerettet werden sollte. Die »Linden« sind eines der ganz wenigen nennenswerten Ensembles, die noch zu retten sind: im Charakter und im Grundriß. (Die Diskussion über einen Wiederaufbau des Stadtschlosses am Ostende der Linden dürfte lange dauern, aus grundsätzlichen Überlegungen und wegen der Größe des Objekts.) Der Pariser Platz sollte seine alte Form behalten. Und das Tor sollte bleiben, als was es von Anfang an gedacht war: ein Tor. Nicht »freigestellt«.

Die Probleme des Verkehrs, die dieser enge Durchlaß mit sich bringt, wurden ja schon vor über fünfzig Jahren in ganz anderem Zusammenhang diskutiert: bei den Planungen für Speers »Große Halle«. Wäre sie gebaut und genutzt worden, dann hätten – eine ganz praktische Überlegung – die Hunderttausende an- oder abmarschierender Volksgenossen den Verkehr im weiteren Umkreis zum Erliegen gebracht. Die Autos, Busse, Motorräder hätten daher unter die Erde gemußt. Das wäre auch für die Zukunft, neben einer Umfahrung durch Nebenstraßen, eine Lösung.

Laurenz Demps, der mehrfach zitierte Berliner Historiker und »Tor«-Autor, erwähnt Pläne aus dem Dritten Reich, die nie sehr bekannt, aber schon in Angriff genommen wurden. Ein Straßentunnel sollte entstehen, vom Großen Stern an der Siegessäule bis weit hinein nach Berlin-Mitte, fast bis zur Schönhauser Allee. Auf zwci Fahrbahnen in jeder Richtung sollten in sechzig Metern Tiefe sogar Doppelstock-Busse verkehren können. Ein Stück des Tunnels sei vor Kriegsende gebaut worden; wieviel, weiß offenbar niemand genau. Angeblich seien sowjetische Soldaten beim Endkampf um Berlin mit einem Panzer in den Tunnel eingedrungen, aber auf eine Mine gefahren. Einige Jahre nach Kriegsende seien die Tunneleingänge zugeschüttet worden.

Käme dies nicht aus der Feder eines angesehenen Historikers, würde man den Kopf schütteln. Mitten in Berlin derartige Dinge, über die keiner etwas Genaues weiß? Aber: Es handelte sich jahrzehntelang um das Grenzgebiet zwischen Ost und West. Den Untergrund gemeinsam zu erforschen, war unmöglich. Im Gegenteil: Zuschütten, zumauern!

Wäre ein solcher Tunnel für Kundige nicht ein idealer Schleichweg gewesen?

Es gibt möglicherweise noch zwei Dutzend unerforschte Bunker und Tunnel im Umkreis des Brandenburger Tors. Nach der Wende hatte man gewiß Wichtigeres zu tun, als nach unvollendeten Zeugnissen einer unseligen Vergangenheit zu buddeln. Aber die städtebauliche Entwicklung Berlins wird es nötig machen, sich mit alten Planungen auseinanderzusetzen und angefangene Projekte wieder auszugraben. Die Zukunft eines städtebaulich so einzigartigen Ensembles muß gut bedacht sein, unter allen Gesichtspunkten, auch jenen, die schon einmal diskutiert wurden.

Das Brandenburger Tor: ein Denkmal zwar längst, heute sogar mehr als vor hundert Jahren. Aber die Idee seiner Schöpfer sollte nicht geopfert werden: ein Tor.

Eines, durch das der Frieden in die Stadt einzieht.

Ausblick

Dreihundert Jahre Tor

Der nächste runde Geburtstag des Brandenburger Tors findet am Montag, dem 6. August 2091 statt. Das ist das einzige, was man genau vorhersagen kann. Über diesen Tag zu spekulieren, ist aber deswegen ungefährlich, weil die Autoren dann nicht mehr zur Rechenschaft gezogen werden können.

Es ist schön warm an diesem Tag. Die ganze Erde ist wärmer geworden durch die Zerstörung der Ozonschicht, also werden auch in Berlin angenehme neununddreißig Grad gemessen.

Von den zwölf Millionen Einwohnern Berlins haben die meisten andere Sorgen, als das Brandenburger Tor zu feiern. Der Kampf ums Dasein ist hart, vor allem für die mehr als fünfzig Prozent zugewanderten Berliner aus dem Osten und Süden der Welt, die Arbeit und Unterkunft suchen. Mit dem Denkmal einer fremden Kultur, deren Sprache sie kaum sprechen, wissen sie nichts anzufangen. Im Tiergarten, rund um die Siegessäule, stehen Barackensiedlungen.

Berlin ist, obwohl es sich bis fast an die Oder ausgedehnt hat, nur eine Provinzstadt im großen Europa vom Atlantik bis zum Ural. Eine Stadt in einer friedlichen Provinz, denn Kriege gehören nur noch in Geschichtsbücher. Längst ist erkannt, daß man benachbarte oder ferne Länder nicht mit Waffen erobert, sondern mit Geld.

Eine kleine Partei demonstriert beim Geburtstagsfest des Tors für eine neue Idee, mit deren Hilfe die Misere der Menschheit beendet werden soll. Auf den roten Transparenten steht: Sozialismus!

Auf dem Tor: die vierte Quadriga. Die zweite aus dem Jahr 1958 und die dritte von 2023 haben der aggressiven Luft nicht widerstehen können. Die neue ist gerade rechtzeitig zum Fest fertig geworden.
(Übrigens: Professionelle Zukunftsforscher entwerfen ihre Horrorvisionen, damit sie *nicht* Wirklichkeit werden.)

Neue Bücher sind zum Jubiläum erschienen. Darin steht auch wieder die Geschichte von Turnvater Jahns Ohrfeige, mit und ohne Erklärung, daß sie erfunden ist. Die Autoren der neuen Bücher über das Brandenburger Tor haben wieder die alten Bücher zu Rate gezogen.

Das Gerücht macht die Runde, die Quadriga stehe verkehrt herum auf dem Tor.

Anhang

Chronologie

1738	Bau des ersten Brandenburger Tores
15. 5. 1788	Abbruch des ersten Brandenburger Tores
16. 8. 1789	Modell des neuen Tores wird erstmals der Öffentlichkeit in der Akademie der Künste vorgestellt.
25. 9. 1789	Öffentliche Ausstellung des Modells mit Quadriga
6. 8. 1791	Eröffnung des Brandenburger Tores
16. 6. 1793	Transport der Quadriga von Potsdam nach Berlin
10. 7.–16. 8. 1793	Aufstellung der Quadriga
23. 12. 1793	Einzug der Kronprinzessin Luise
27. 10. 1806	Einzug Napoleons durch das Tor
2.–8. 12. 1806	Demontage der Quadriga
21. 12. 1806	Abtransport der Quadriga nach Paris
24. 12. 1810	Trauerzug für Königin Luise
4. 4. 1814	Rücktransport der Quadriga aus Paris
9. 6. 1814	Ankunft der Quadriga im Jagdschloß Grunewald
29. 7. 1814	Aufstellung der Quadriga abgeschlossen
7. 8. 1814	Einzug Friedrich Wilhelms III. und seiner Truppen, Quadriga mit Eisernem Kreuz wird enthüllt, das Quarré erhält den Namen »Pariser Platz«
13.–18. 3. 1848	Revolutionäre Unruhen auch am Tor
14. 6. 1848	Zeughaussturm, Demonstrationen am Tor
1849	Umfassende Renovierung des Tores
1. 1. 1861	Tor ist nicht mehr Stadtgrenze
7. 12. 1864	Parade nach dem Sieg über Dänemark
20. 9. 1866	Parade nach dem Sieg über Österreich
16. 6. 1871	Parade nach dem Sieg über Frankreich
16. 3. 1888	Trauerzug für Kaiser Wilhelm I.
14. 6. 1888	Kaiser Friedrich III. stirbt, Wilhelm II. folgt ihm auf dem Thron
1905–1906	Bau des Hotels »Adlon« am Pariser Platz
1908	Restaurierung der Quadriga
10. 11. 1918	Besetzung durch regierungstreue Truppen
10. 12. 1918	Truppeneinzug durchs Brandenburger Tor
25. 1. 1919	Trauerzug für Karl Liebknecht durch das Tor verboten
13.–17. 3. 1920	Kapp-Putsch
1926–1927	Restaurierung der Quadriga
30. 1. 1933	Fackelzug der SA
20. 4. 1939	Einweihung der Ost-West-Achse, Parade am Tor anläßlich Hitlers 50. Geburtstag

1942	Gipsabdrücke der Quadriga
2. 5. 1945	Berlin kapituliert, Siegesfeier der Roten Armee am Tor
April 1951 bis Dezember 1957	Wiederaufbau und Restaurierung des Tores
17. 6. 1953	Arbeiteraufstand
1. 8. 1958	Neue Quadriga wird am Tor übergeben
22. 9. 1958	Neue Quadriga wird aufgebaut
13. 8. 1961	Mauerbau
14. 8. 1961	Grenzübergang Brandenburger Tor wird geschlossen
12. 6. 1987	US-Präsident Reagan vor dem Tor
9. 11. 1989	Grenzöffnung
22. 12. 1989	Grenzübergang Brandenburger Tor wird geöffnet

Literaturverzeichnis

Rolf Bothe: Antikenrezeption in Bauten und Entwürfen Berliner Architekten zwischen 1790 und 1870; in: Willmuth Arenhövel (Hg.): Berlin und die Antike, Berlin 1979

Helmut M. Bien: Berlin – Brandenburger Tor. Torheiten, Tortur und Torso; in: Die Reise nach Berlin (Katalog zur Ausstellung), Berlin 1987

Horst Büttner: Das Brandenburger Tor, Berlin (Ost) 1971

Gordon A. Craig: Deutsche Geschichte 1866–1945. Vom Norddeutschen Bund bis zum Ende des Dritten Reiches, München 1980

Michael S. Cullen, Uwe Kieling: Das Brandenburger Tor. Geschichte eines deutschen Symbols, Berlin 1990

Laurenz Demps: Das Brandenburger Tor, Berlin 1990

Tilla Durieux: Meine ersten neunzig Jahre, München 1971

Michael Erbe et al.: Die Chronik Berlins, Dortmund 1986

Theodor Fontane: Sämtliche Werke Band XX. Balladen und Gedichte, München 1962

Gästebücher des Stadtkommandanten der Hauptstadt der DDR 1961–1989

Günter Ganßauge: Ein Schutzwall des Friedens, Dresden 1968

Sebastian Haffner: Preußen ohne Legende, Hamburg 1979

Helmut Kindler: Berlin. Brandenburger Tor. Brennpunkt deutscher Geschichte, München 1956

Ulrike Krenzlin: Johann Gottfried Schadow, Stuttgart 1990

Rainer Laabs: Das Brandenburger Tor. Brennpunkt deutscher Geschichte, Berlin 1990

Hans Ostwald: Das Liebermann-Buch, Berlin 1930

Wolfgang Ribbe (Hrsg.): Geschichte Berlins, 2 Bde., München 1987

Cornelius Ryan: Der letzte Kampf, München/Zürich 1966

SED-Bezirksleitung Berlin (Hrsg.): Das Brandenburger Tor. Geschichten und Geschichte aus vier Generationen, Berlin (Ost) o. J.

Elise Schmidt: Die Quadriga, ihre Zeit und ihre Meister, Berlin 1888

E. v. Siefart: Aus der Geschichte des Brandenburger Tores und der Quadriga, Berlin 1912

Neil Sinyard, Adrian Turner: Billy Wilders Filme, Berlin 1980

Albert Speer: Erinnerungen; Frankfurt/M., Berlin 1982

Staatliche Museen Preußischer Kulturbesitz (Hrsg.): Die Quadriga auf dem Brandenburger Tor in Berlin. Vom Entwurf bis zur Wiederherstellung 1958, Berlin 1982

Bildquellenverzeichnis

Archiv für Kunst und Geschichte, Berlin: 48
Bauakademie der DDR. Institut für Städtebau und Architektur (Hg.), Karl Friedrich Schinkel, Stuttgart 1981: 52 u.
Berlin Museum, Berlin: 84 (2), 85 u., 153 o.
Bildarchiv Preußischer Kulturbesitz: 32 u., 33 u., 38 li. (2), 40 u., 54 (2), 66 (2), 67 (2), 69 o. li., 82 (2), 83, 86 o., 87, 90 o., 91 u., 94, 96 u., 99 (2), 112, 113 u., 114 u., 115 (2), 119 o., 121 o., 154 u., 157 u., 158 (2), 172 u., 173 (2), 176 o., 201 li. u.
Bilderdienst Süddeutscher Verlag, München: 90 u., 151
Bundesarchiv: 134 (2), 156 u., 166 u., 167 (2), 179 re. o., 181 u., 182 o., 201 re., 204 re. u.
Cullen, Michael S./Kieling, Uwe, Das Brandenburger Tor. Geschichte eines deutschen Symbols, Berlin 1990: 53
dpa: 13, 14 o., 15, 197 re. o., 202, 204 o., 205 u., 206, 207 (2), 208, 209 o., 216, 220, 221 o., 222 u., 223 o., 225 (2), 226 (2), 227 (2)
Geheimes Staatsarchiv Preußischer Kulturbesitz: 40 o.
Haitzinger, Horst: 17 u., 218, 219 u., 221 u., 223 u.
Krenzlin, Ulrike, Johann Gottfried Schadow, Stuttgart 1990: 37 m./u., 39, 50 o.
Küster Bernd, Max Liebermann. Ein Maler-Leben, Hamburg 1988: 121 u.
Laabs, Rainer, Das Brandenburger Tor. Brennpunkt deutscher Geschichte, Frankfurt a. M./Berlin 1990: 36 o., 37 (3)
Landesarchiv Berlin: 32 o., 33 o., 34 u., 95 (2), 97 o., 155 u., 187 u.
Landesbildstelle Berlin: 14 u., 16, 17 o., 18, 36 m./u., 38 re., 49, 51 (2), 52 o., 65, 69 u. re., 72, 96 o., 97 u., 98 (2), 110 u., 116 o., 117 o., 118, 120 o., 124, 125 u., 126 u., 146 o., 155, 156 o., 166 o., 169 u., 170 o., 171 o., 172 o., 174 (2), 175 (2), 176 u., 178, 179 re. u., 180 u., 181 o., 182 u., 183 li./u., 184 li. o./u., 185 o., 186 li. o./u., 187 o. (2), 189 (2), 199 (2), 200 o./li. u., 201 li. o., 203, 205 o., 214 u., 217 (2), 219 o., 222 o., 224 li. o., 228
Maier, Dr. Helmut, Berlin: 85 o.
Sieburg, Friedrich, In Licht und Schatten, Stuttgart 1979: 50 u.
Privatarchiv Albert Speer: 153 u. li.
Ullstein Bilderdienst: 68, 69 o. re./u. li., 70, 71 (2), 86 u., 91 o., 110 o., 113 o., 114 o., 116 u., 117 u., 119 u., 120 u., 125 o., 126 o., 135 o., 146 u., 147, 150 (2), 152, 154 o., 157 o., 168, 169 o., 170 u., 171 u., 179 li., 180 o., 183 o., 184 re. o., 185 o., 186 re. o., 188, 197 li. o./u., 198, 200 re. u., 204 li. u., 209 u., 214 o., 215, 224 li. u./re.
Verlag J. F. Schreiber, Esslingen: 135
ZDF: 110 o.
Züchner, Manfred, Seesen: 131
Autor: 90 (2), 137, 149 o., 177
  Kalender: 30/31, 34 o., 35, 88/89, 92, 93, 122, 123
  Briefmarken: 136
  Postkarten: 132, 133
Umschlagfoto © 1991 Copyright by Cosmopress, Genf
Vorderes Vorsatz (Berlin im Jahr 1807), hinteres Vorsatz (Berlin um 1930): Landesarchiv Berlin

Geschichte der Bundesrepublik Deutschland

in fünf Bänden

herausgegeben von
Karl Dietrich Bracher · Theodor Eschenburg
Joachim C. Fest · Eberhard Jäckel

Dieses Standardwerk zur Geschichte der Bundesrepublik Deutschland ist die umfassende und vollständige Darstellung der Zeit von 1945–1982 in chronologischer Folge, herausgegeben und geschrieben von namhaften Wissenschaftlern und Publizisten. Herausgeber und Autoren knüpfen an die große Tradition der deutschen Geschichtsschreibung an. Sie haben unveröffentlichtes und bisher nicht zugängliches Quellenmaterial ausgewertet und interpretiert. Das Werk genügt wissenschaftlichen Ansprüchen und ist dennoch verständlich geschrieben. Der Leser erhält eine faszinierende Darstellung der politischen, kulturellen, wissenschaftlichen, technischen und sozialen Entwicklung der Bundesrepublik Deutschland.
Die Bände sind aufwendig ausgestattet mit Fotos, Karikaturen, Abbildungen von Kunstwerken, Grafiken und Karten. Tabellen, statistische Übersichten, Zeittafeln, Bibliographien, Namen- und Sachregister erhöhen den Informationswert.

Band 1
Theodor Eschenburg
Jahre der Besatzung 1945–1949

Band 2
Hans-Peter Schwarz
Die Ära Adenauer 1949–1957
Gründerjahre der Republik

Band 3
Hans-Peter Schwarz
Die Ära Adenauer 1957–1963
Epochenwechsel

Band 4
Klaus Hildebrand
Von Erhard zur Großen Koalition 1963–1969

Band 5/I
Karl Dietrich Bracher/
Wolfgang Jäger/Werner Link
Republik im Wandel 1969–1974
Die Ära Brandt

Band 5/II
Wolfgang Jäger/Werner Link
Republik im Wandel 1974–1982
Die Ära Schmidt

Deutsche Verlags-Anstalt · Stuttgart
F. A. Brockhaus · Mannheim

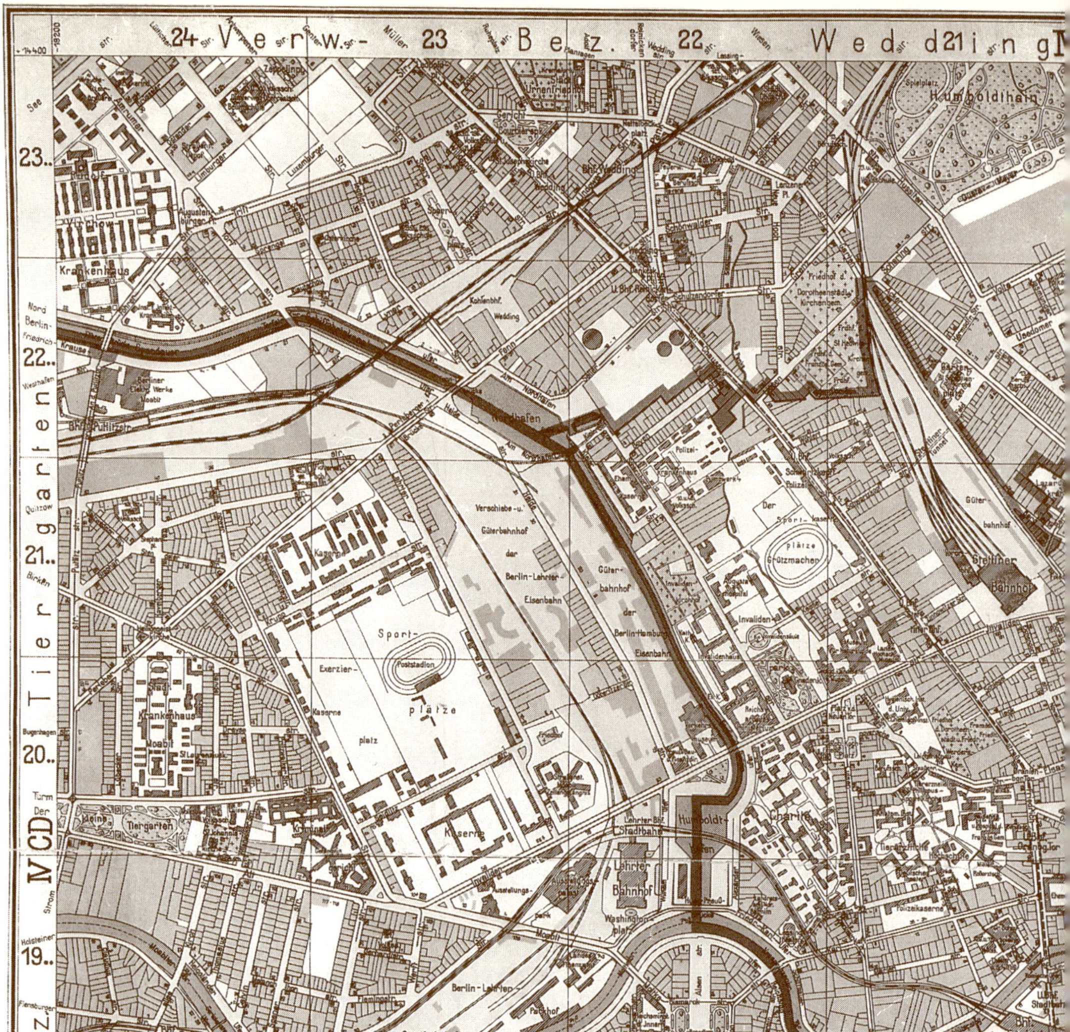
24 Verw.-Bez. 23 22 Wedding 21
Humboldthain
Krankenhaus
Nordhafen
Verschiebe-u. Güterbahnhof der Berlin-Lehrter Eisenbahn
Güterbahnhof der Berlin-Hamburg Eisenbahn
Sport- Exerzier- plätze
Poststadion
Kaserne
platz
Stettiner Bahnhof
Charité
Humboldt-hafen
Lehrter Bahnhof
Kleiner Tiergarten
Berlin-Lehrter Güterbahnhof
Die Spree
Schloßpark Bellevue
Platz der Republik
Unter den
Chaussee
Tiergarten
Verw.-Bez. Tiergarten
Charlottenburg 24 Verw.-Bez. 23 Tiergarten 22 Verw.- Anhalter Bhf. 21 Bez.